ЧтениЯReadings

Chtenia: Readings from Russia

**a themed journal
of fiction, non-fiction, poetry,
photography and miscellany**

Cover photo: Anton Chekhov in 1904, the year of his death.

ISSN 1939-7240 • Volume 3, Number 4 • Issue 12

Chtenia is a quarterly journal of readings from Russia, including fiction, non-fiction, memoirs, humor, poetry and photography. Opinions expressed are those of the authors and do not necessarily reflect the views of the staff, management or publisher of Chtenia.

Publisher: Paul E. Richardson
Editor: Tamara Eidelman • Guest Editors: Evgeny Dengub and Susanna Nazarova
Vermont Office Manager: Kate Reilly-Fitzpatrick

Chtenia Subscription rates (1 year): US $35, Outside US $43. All prices are in U.S. dollars. Back issues: when available: $12 (includes shipping and handling in the U.S.). Newsstand: $12 per issue. • To notify us of a change of address, see the subscription address below. To ensure that you do not miss any issues, please notify us 4-6 weeks in advance of any move or address change. Periodical postage paid at Montpelier, VT and at additional mailing offices (USPS 024-769).

Publications Mail Agreement No. 40649170. Return undeliverable Canadian Address to: Station A, PO Box 54, Windsor, ON N9A 6J5. Email: orders@russianlife.com

POSTMASTER: Please send change of address and subscription applications to:
RIS Publications, PO Box 567, Montpelier, VT 05601-0567
orders@russianlife.com
Ph. 802-223-4955 • Fax: 802-223-6105
www.chtenia.com

12

Chekhov Bilingual

ЧтениЯReadings

Vol. 3, No. 4 • Fall 2010 • Issue 12

The Chekhov Family, Taganrog, 1874
Seated in front: Misha, Masha, Pavel (father), Yevgenia (mother), Lyudmila (aunt), Georgy (cousin)
Standing in rear: Vanya, Anton, Kolya, Alexander, Mitrofan (uncle)

Chekhov's Place
Tamara Eidelman

What can one say about Chekhov's place in Russian culture and life? This is tantamount to defining the very nature of Russian culture and life.

In our childhoods, we empathize with poor Kashtanka, the little dog who is unlucky with one master after the other... we laugh at nine-year-old Vanka Zhukov, who writes a letter "to grampa in the country, Konstantin Makarych," yet we already beginning to understand that there is very little to laugh at here, that perhaps instead we should feel sorry for the unlucky Vanka.

As the years roll on, we laugh at *A Horsey Name* and *A Stupid Frenchman*, we chortle at the *Death of a Government Clerk*, and are surprised by *Fat and Thin*. Later, we learn that Chekhov wrote far more than just humorous pieces, and, in fact, with time we realize that many of the stories which we once thought were funny and amusing, in reality were meant to be sad and even terrible.

Later still, thanks to Chekhov, we understand the meaning of longing, of the inability to repair a life gone awry, to start over with a clean slate. This is when we read *The Man in a Case, Ward Number Six, Uncle Vanya* and *Three Sisters*.

In the end, it turns out that Chekhov is not simply a playwright, not simply a writer, but an entire world — the world where most people

live, where few people are extremely happy and most are unable to construct the life they might hope for.

There are times, in fact, when we start to think that the Chekhovian World is quite simply Hell, from which there is no escape. And yet, at other times, approaching his works in a different mood, we conclude that this World is a marvelous paradise of strikingly rich Russian language, and that there *is* an escape from this — into a beauty and harmony created by the writer.

It later turns out that Chekhov is also the Art Theater, which has imposed upon us its understanding of his plays — as sad, lyrical stories, and not evil, ironic tragic-comedies. (Which of the two is more correct? Chekhov himself thought the latter, but perhaps he himself did not understand something that Stanislavsky did.)

Chekhov is Melekhovo, where, in a little village doctor's house, in such close quarters that solitude was nearly impossible, he wrote *The Seagull*...

Chekhov is Gurzuf, Crimea, where a man lived in near solitude — a man who had already become the idol of all Russia...

Chekhov is Sakhalin, the distant archipelago to which this sick and weak man was dragged by his conscience, in order that he might describe the sufferings of prisoners...

Chekhov is the curtain at the Moscow Art Theater, with its soaring seagull, one of the most significant theatrical images (one rather hard to distinguish from Maeterlinck's famous *Blue Bird*, which is frequently performed, and which debuted, on this stage)...

Chekhov is the piercing cry of the heroine of *House With a Mezzanine*: "Missyuss, where are you?" and the despair of the hero in *Lady With a Little Dog*...

Chekhov is the steppe, the noble home, the provincial town, the vacation love affair that becomes the love of one's life, the chopped down cherry orchard, and even the painfully familiar, but no less frightful "sound of a broken string."

How, then, can one understand what Chekhov is to Russian culture and Russian life?

Only by reading him.

From the Publisher

This special Bilingual Chekhov issue of *Chtenia* is intended to be not just a compilation of some of Chekhov's finest works, but also a language learning tool, a tool for greater appreciation of Chekhov on the occasion of his 150th birthday in 2010.

Over 1000 copies of this special issue were distributed free to Russian language students in over 200 U.S. high schools and universities, courtesy of a grant from The Russkiy Mir Foundation.

Evgeny Dengub and Susanna Nazarova were Guest Editors of this issue, providing invaluable assistance with text checking and accentification. And a special "thank you" is due Lydia Razran-Stone for taking on the Herculean task of re-translating several of the works in this volume.

Due to the difficulty of making right- and left-hand pages of the text line up throughout, footnotes for this issue have been moved to the rear of the issue and are numbered sequentially for the entire issue.

The Contributors

IVAN BUNIN (1870-1953) was Russia's first Nobel Laureate for literature (1933). His writing is richly textured and evocative of a more prosaic, humane, prerevolutionary era. A friend of Anton Chekhov, Bunin worked for a time in Kharkov as a government clerk and editor, did translations from English, and wrote his short stories, by the turn of the century becoming recognized as one of Russia's greatest living writers. He lived in emigration from 1919 until his death in Paris in 1953.

ANTON CHEKHOV (1860-1904), the grandson of a liberated serf, was born and raised in the southern town of Taganrog. His father Pavel was abusive and hypocritical and his mother Yevgenia was a wonderful storyteller. ("Our talents we got from our father, our souls from our mother," he wrote.) The family fled to Moscow in 1876, to avoid Pavel being thrown in debtor's prison after his shop failed. Anton was left behind for three years to clean up the family business, to finish school, and to work as virtually an indentured servant. He moved to Moscow in 1879, after being admitted to medical school, and soon found he had a prolific talent for writing humorous sketches and short stories and that it paid, albeit rather little. Still, it was enough to keep his struggling family out of absolute poverty, and to pay his tuition bills. In 1884, he qualified as a doctor, the same year that he first began to show signs of having tuberculosis. By the time he was 26, he had written over 400 short stories. His stories are often ironic observations on human nature that seem simple on the surface, yet hide deep veins of human emotion. It was around this time that his popularity began to rise, and that he found a lifelong friend and benefactor in the rich publisher Alexey Suvorin. In 1890, he traveled across Russia to Sakhalin, returning with a monu-

mental chronicle and indictment of Russia's system of *katorga*. By the turn of the century, his tuberculosis had worsened and he was forced to spend long periods of time in the South, in Yalta, and soon had to give up his refuge in Melikhovo, where he wrote and treated local peasants. He married the actress Olga Knipper in 1901, but their marriage did not last long, as Chekhov succumbed to tuberculosis on July 2 (14), 1904, in the German resort town of Badenweiler.

SASHA CHYORNY (1880-1932) was born Alexander Mikhailovich Glickberg, in Odessa. He worked as a journalist, customs officer and railway worker, while writing satirical stories and poems. His work was extremely popular during his lifetime, admired by writers as diverse as Mayakovsky and Nabokov. He emigrated after the revolution and died in France in 1932 from a heart attack, after helping to put out a fire in Lamandou. According to legend, his fox terrier Micky, "author" of the eponymous story *Micky Fox* (Chtenia 01), lay on Chyorny's chest and died with him.

The Translators

CONSTANCE GARNETT (1861-1946) was a legendary translator of some 70 works of nineteenth century Russian literature, and was one of the first translators to English of Dostoyevsky and Chekhov. She was drawn to the profession after a trip to Russia in 1893, when she met Lev Tolstoy at Yasnaya Polyana.

BRENDAN KIERNAN is a freelance translator and political analyst. A student of Russian language and literature since 1977, he first studied Chekhov in 1983 in a senior seminar at Williams College. He earned a Ph.D in Political Science from Indiana University as well as an area studies certificate from IU's famed Russian and East European Institute. He hates oats in any form.

LYDIA RAZRAN STONE has translated and analyzed biomedical research for NASA, and edits *SlavFile*, the quarterly newsletter for Slavic translators. She has two published books of translated poetry, and her translation of Krylov's fables, *The Frogs Who Begged For a Tsar*, will be released by Russian Life books this December.

PAUL E. RICHARDSON is Publisher of Russian Life and *Chtenia*, and oversees the periodicals' publication out of the company's office in Montpelier, Vermont. He has written numerous articles for Russian Life and frequently translates works for both Russian Life and *Chtenia*.

Chekhov and Ivan Bunin (Russia's first Nobel Laureate) were close during the last few years of Chekhov's life. In the year of Chekhov's death, Bunin compiled a short memoir, which is part one below. On the tenth anniversary of Chekhov's death, Bunin added additional comments. Later versions of these reminiscences were greatly extended and embellished, with lengthy commentaries by Bunin.

Chekhov
Ivan Bunin

From notebooks

I

I made Chekhov's acquaintance in Moscow, towards the end of '95. I remember some very characteristic phrases.

"Do you write much?" he asked me once.

I answered that I wrote little.

"Bad," he said, almost sternly, in his low, deep voice. "One must work ... without sparing oneself ... all one's life."

And, after a pause, without any apparent connection, he added:

"When one has written a story, I believe that one ought to strike out both the beginning and the end. That is where we novelists are most inclined to lie. And one must write succinctly — as succinctly as possible."

After Moscow, we did not see one another until the spring of '99. I came to Yalta for a few days that spring, and one evening I met him on the embankment.

"Why don't you come to see me?" he said. "Be sure to come tomorrow."

"At what time?" I asked.

"In the morning, about eight."

And, perhaps seeing the look of surprise on my face, he added:

"We get up early. Don't you?"

Чехов
Иван Бунин

Из записной книжки

I

Я познакомился с ним в Москве, в конце девяносто пятого года. Мне запомнилось несколько характерных фраз его.

— Вы много пишете? — спросил он меня как-то.

Я ответил, что мало.

— Напрасно, — почти угрюмо сказал он своим низким, грудным голосом. — Нужно, знаете, работать... Не покладая рук... всю жизнь.

И, помолчав, без видимой связи прибавил:

— По-моему, написав рассказ, следует вычёркивать его начало и конец. Тут мы, беллетристы, больше всего врём... И короче, как можно короче надо писать.

После Москвы мы не виделись до весны девяносто девятого года. Приехав этой весной на несколько дней в Ялту, я однажды вечером встретил его на набережной.

— Почему вы не заходите ко мне? — сказал он. — Непременно приходите завтра.

— Когда? — спросил я.

— Утром, часу в восьмом.

И, вероятно заметив на моём лице удивление, он пояснил:

— Мы встаём рано. А вы?

"Me too," I said.

"Well then, come when you get up. We'll drink coffee. Do you drink coffee? One must drink coffee, not tea in the morning. It's a wonderful thing. When I am working, I drink nothing but coffee and chicken broth until the evening. Coffee in the morning and chicken broth at midday."

Then we walked along the embankment in silence and sat down on a bench in the square.

"Do you love the sea?" I asked.

"Yes," he replied. "But it is too empty."

"That's the thing that's nice," I replied.

"I don't know," he mused, looking somewhere into the distance and, obviously, thinking of something. "I think it must be nice to be a soldier, or a young student... to sit somewhere in a place busy with people and listen to cheerful music..."

And then, in his typical way, he paused and, without any apparent connection, added:

"It's very difficult to describe the sea. Do you know what sort of description I recently read in a schoolboy's exercise book? 'The sea was vast.' Simply that. I think that is wonderful."

In Moscow, I saw a middle-aged man, tall, rather well dressed, and light and graceful in his movements. He welcomed me, but so quietly that I, then a boy, took his quietness for coldness. In Yalta, I found him much changed. He had grown thin, his face was darker, he moved more slowly, his voice sounded muffled. But, in general, he was almost the same as he had been in Moscow: cordial, but reserved, speaking with animation, yet even more simply and tersely, and, while in conversation, he was constantly thinking his own thoughts. He left it to his interlocutor to make the connections between the hidden currents of his thoughts, constantly staring at the sea through the lenses of his pince-nez, his face slightly raised. The morning after our meeting on the embankment I visited him at his dacha. I remember well the bright sunny morning that we spent in his garden. From that day, I began to visit him more often and soon felt at home in his house. In keeping with this, his attitude toward me changed, he became more cordial, more frank…

The white stone dacha in Autka, its little orchard, which he, who loved all flowers and trees, planted and tended with such care, his study, which

— Я тоже, — сказал я.

— Ну, так вот и приходите, как встанете. Будем пить кофе. Вы пьёте кофе? Утром надо пить не чай, а кофе. Чудесная вещь. Я, когда работаю, ограничиваюсь до вечера только кофе и бульоном. Утром — кофе, в полдень — бульон.

Потом мы молча прошли набережную и сели в сквере на скамью.

— Любите вы море? — сказал я.

— Да, — ответил он. — Только уж очень оно пустынно.

— Это-то и хорошо, — сказал я.

— Не знаю, — ответил он, глядя куда-то вдаль и, очевидно, думая о чём-то своём. — По-моему, хорошо быть офицером, молодым студентом... Сидеть где-нибудь в людном месте, слушать весёлую музыку...

И, по своей манере, помолчал и без видимой связи прибавил:

— Очень трудно описывать море. Знаете, какое описание моря читал я недавно в одной ученической тетрадке? "Море было большое". И только. По-моему, чудесно.

В Москве я видел человека средних лет, высокого, стройного, лёгкого в движениях; встретил он меня приветливо, но так просто, что я принял эту простоту за холодность. В Ялте я нашёл его сильно изменившимся: он похудел, потемнел в лице, двигался медленнее, голос его звучал глуше. Но, в общем, он был почти тот же, что в Москве: приветлив, но сдержан, говорил довольно оживлённо, но ещё более просто и кратко и во время разговора всё думал о чём-то своём, предоставляя собеседнику самому улавливать переходы в скрытом течении своих мыслей, и всё глядел на море сквозь стёкла пенсне, слегка приподняв лицо. На другое утро после встречи на набережной я поехал к нему на дачу. Хорошо помню это солнечное утро, которое мы провели в его садике. С тех пор я начал бывать у него всё чаще, а потом стал и совсем своим человеком в его доме. Сообразно с этим изменилось и отношение его ко мне, стало сердечнее, проще...

Белая каменная дача в Аутке, её маленький садик, который с такой заботливостью разводил он, всегда любивший цветы,

was decorated only with two or three paintings by Levitan, and the large, semicircular window which looked out onto the valley of the river Uchan-Su, and the blue triangle of the sea. The hours, days, and even weeks that I spent at that dacha, will forever be memorable…

When we were alone, he often laughed his infectious laugh, and loved to joke, to come up with all sorts of random things, absurd nicknames; whenever he felt a bit better, he became irrepressible in all this. He loved discussions of literature. When he spoke of it, he would often rave about Maupassant or Tolstoy. He would talk about them especially often, as well as about Lermontov's *Taman*.

"I cannot understand," he would say, "how a mere boy could write that! Ah, if one had written that and a good vaudeville — one could die contented!"

He often said:

"You should not read your writing to other people before it is pub-lished. And you should never listen to anyone's advice. If you have erred, or written nonsense, the mistake will be entirely your own. One must be courageous in one's work. There are big dogs and little dogs, but the little dogs should not be disheartened by the existence of the big dogs. All must bark — and bark with the voice God gave them."

It is usual to say of dead writers that they rejoiced in the success of others, and were not jealous of them. But he truly rejoiced in the existence of any talent, and couldn't *not* rejoice: I believe that the word "talentless" was the most abusive word out of his mouth. He regarded his own literary successes with a suppressed bitterness.

"Well, Anton Pavlovich, we shall soon be celebrating your jubilee!"

"I know all about such jubilees! For twenty-five years they do nothing but abuse a man, then they give him an aluminum pen and slobber over him for an entire day, crying and kissing and gushing!"

"Have you read it, Anton Pavlovitch?" one would ask, having read an article about him somewhere.

He would look slyly back at you over his spectacles:

деревья, его кабинет, украшением которого служили только две-три картины Левитана да большое полукруглое окно, открывавшее вид на утонувшую в садах долину Учан-Су и синий треугольник моря, — те часы, дни, иногда даже недели, которые проводил я на этой даче, навсегда останутся памятны мне...

Наедине со мной он часто смеялся своим заразительным смехом, любил шутить, выдумывать разные разности, нелепые прозвища; как только ему хоть немного становилось лучше, он был неистощим на всё на это. Любил разговоры о литературе. Говоря о ней, часто восхищался Мопассаном, Толстым. Особенно часто он говорил именно о них да ещё о "Тамани" Лермонтова.

— Не могу понять, — говорил он, — как мог он, будучи мальчиком, сделать это! Вот бы написать такую вещь да ещё водевиль хороший, тогда бы и умереть можно!

Часто говорил:

— Никому не следует читать своих вещей до напечатания. Никогда не следует слушать ничьих советов. Ошибся, соврал — пусть и ошибка будет принадлежать только тебе. В работе надо быть смелым. Есть большие собаки и есть маленькие собаки, но маленькие не должны смущаться существованием больших: все обязаны лаять — и лаять тем голосом, какой господь бог дал.

Почти про всех умерших писателей говорят, что они радовались чужому успеху, что они были чужды самолюбия. Но он действительно радовался всякому таланту, и не мог не радоваться: слово "бездарность" было, кажется, высшей бранью в его устах. К своим собственным литературным успехам он относился с затаённой горечью.

— Да, Антон Павлович, вот скоро и юбилей ваш будем праздновать!

— Знаю-с я эти юбилеи! Бранят человека двадцать пять лет на все корки, а потом дарят ему гусиное перо из алюминия и целый день несут над ним, со слезами и поцелуями, восторженную ахинею!

— Читали, Антон Павлович? — скажешь ему, увидав где-нибудь статью о нём.

Он только лукаво покосится поверх пенсне:

"Thank you kindly! They write a thousand lines about someone, and then at the end they add: 'There is also the writer Chekhov: a moaner.' But why am I a moaner? How am I a 'gloomy person,' why am I 'cold-blooded' — as the critics have it? How am I a 'pessimist'? Truly, of all my stories, my favorite is *The Student*. The very word 'pessimist' is repulsive."

And at times he would add:

"When you, dear sir, find yourself criticized, remember us sinners. The critics boxed our ears for trifles, as if we were schoolboys.[1] One critic prophesied that I would die in a ditch. To him I seemed like a young boy expelled from school for drunkenness."

"One ought to sit down to write only when one feels as cold as ice," he said once.

"The Scorpion [a publishing firm] advertise their books in a slovenly way," he wrote to me after the publication of *Northern Flowers*. "They put my name first, and when I read the advertisement in the *Russian Register* I swore I would never again have any truck with scorpions, nor with crocodiles or snakes."

He had given to Scorpion's almanac, at my request, one of his early stories, *On the Sea*. Later on, he regretted it.

"No, all this new Russian art is nonsense," he would say. "I remember that I once saw a signboard in Taganrog: 'Arfeticial mineral waters sold here!' Well, it's the same thing. The only thing that is new is what is talented. What is talented is new."

One of my last recollections of him is from early in the spring of 1903. Yalta, the Hotel Rossiya. It was late. Suddenly the telephone rang. I answer it and hear:

"Sir, find a nice cab and come get me. Let's take a drive."

"A drive? At this time of night? What's the matter, Anton Pavlovich?"

"I am in love."

— Покорно вас благодарю! Напишут о ком-нибудь тысячу строк, а внизу прибавят: "А вот ещё есть писатель Чехов: нытик..." А какой я нытик? Какой я "хмурый человек", какая я "холодная кровь", как называют меня критики? Какой я "пессимист"? Ведь из моих вещей самый любимый мой рассказ — "Студент". И слово-то противное: "пессимист"...

И порою прибавит:

— Когда вас, милостивый государь, где-нибудь бранят, вы почаще вспоминайте нас, грешных: нас, как в бурсе, критики драли за малейшую провинность. Мне один критик пророчил, что я умру под забором: я представлялся ему молодым человеком, выгнанным из гимназии за пьянство.

— Садиться писать нужно только тогда, когда чувствуешь себя холодным как лёд, — сказал он однажды.

"Публикует "Скорпион" о своей книге неряшливо, — писал он мне после выхода первой книги "Северных цветов". — Выставляет меня первым, и я, прочитав это объявление в "Русских ведомостях", поклялся больше уже никогда не водиться ни со скорпионами, ни с крокодилами, ни с ужами".

Он дал тогда, по моему настоянию, в альманах "Скорпиона" один из своих юношеских рассказов ("В море"). Впоследствии в этом раскаивался.

— Нет, всё это новое московское искусство — вздор, — говорил он. — Помню, в Таганроге я видел вывеску: "Заведение искуственных минеральных вод". Вот и это то же самое. Ново только то, что талантливо. Что талантливо, то ново.

Одно из моих последних воспоминаний о нём относится к ранней весне 1903 года. Ялта, гостиница "Россия". Уж поздний вечер. Вдруг зовут к телефону. Подхожу и слышу:

— Милсдарь, возьмите хорошего извозчика и заезжайте за мной. Поедемте кататься.

— Кататься? Ночью? Что с вами, Антон Павлович?

— Влюблён.

"That's good. But it's past nine... You might catch cold..."

"Young man, don't quibble!"

Ten minutes later I was at Autka. The house, where during the winter Chekhov lived alone with his mother, was, as always, silent, dark, two little candles burning in his study. And, as always, my heart shrank at the sight of that quiet study, where Chekhov passed so many lonely winter nights.

"What a night!" he said with a tenderness unusual for him, greeting me with something like melancholic joy. "It is so dull at home! The only joy is when the telephone chirrs and someone asks what I am doing, and I answer: 'I am catching mice.' Let's drive to Oreanda."[2]

The night was warm and still, with a bright moon and light clouds. The carriage rolled softly along the white road, and we were silent, looking at the glowing plain of the sea. Then came the forest cobwebbed with shadows, beyond which blackened crowds of cypresses rose to the stars. When we stopped the carriage and walked quietly beneath them, past the ruins of the castle, which were pale blue in the moonlight, he suddenly said to me, pausing in place:

"Do you know for how many years I shall be read? Seven."

"Why seven?" I asked.

"Ok, seven and a half, then."

"You are sad today, Anton Pavlovich," I said, looking at his face, pale in the moonlight.

Lowering his eyes, he dug at the pebbles with the end of his cane, lost in thought.

"It is you who are sad," he answered. "Sad because you have spent so much on a cab."

Then he added gravely:

"Yes, I shall only be read for another seven years; and I have even fewer years left to live — perhaps six. But don't go and tell that to the Odessa reporters."

He did not live six years, but just a bit more than one.

— Это хорошо́, но уже́ деся́тый час. И пото́м — вы мо́жете простуди́ться...

— Молодо́й челове́к, не рассужда́йте-с!

Че́рез де́сять мину́т я был в Ау́тке. В до́ме, где он зимо́ю жил то́лько с ма́терью, была́, как всегда́, тишина́, темнота́, ту́скло горе́ли две све́чки в кабине́те. И, как всегда́, у меня́ сжа́лось се́рдце при ви́де э́того кабине́та, где для него́ протекло́ сто́лько одино́ких зи́мних вечеро́в.

— Чуде́сная ночь! — сказа́л он с необы́чной для него́ мя́гкостью и како́й-то гру́стной ра́достью, встреча́я меня́. — А до́ма — така́я ску́ка! То́лько и ра́дости, что затрещи́т телефо́н да кто-нибудь спро́сит, что я де́лаю, а я отве́чу: мыше́й ловлю́. Пое́демте в Орео́нду.

Ночь была́ тёплая, ти́хая, с я́сным ме́сяцем, с лёгкими бе́лыми облака́ми. Экипа́ж кати́лся по бе́лому шоссе́, мы молча́ли, гля́дя на блестя́щую равни́ну мо́ря. Пото́м пошёл лес с лёгкими узо́рами тене́й, за ним зачерне́ли то́лпы кипари́сов, возноси́вшихся к звёздам. Когда́ мы оста́вили экипа́ж и ти́хо пошли́ под ни́ми, ми́мо голубова́то-бле́дных в лу́нном све́те разва́лин дворца́, он внеза́пно сказа́л, приостана́вливаясь:

— Зна́ете, ско́лько лет ещё бу́дут чита́ть меня́? Семь.

— Почему́ семь? — спроси́л я.

— Ну, семь с полови́ной.

— Вы грустны́ сего́дня, Анто́н Па́влович, — сказа́л я, гля́дя на его́ лицо́, бле́дное от лу́нного све́та.

Опусти́в глаза́, он заду́мчиво копа́л концо́м па́лки ме́лкие ка́мешки, но когда́ я сказа́л, что он гру́стен, он шутли́во покоси́лся на меня́.

— Это вы грустны́, — отве́тил он. — И грустны́ оттого́, что потра́тились на изво́зчика.

А пото́м серьёзно приба́вил:

— Чита́ть же меня́ бу́дут всё-таки то́лько семь лет, а жить мне оста́лось и того́ ме́ньше: шесть. Не говори́те то́лько об э́том оде́сским репортёрам...

Про́жил он не шесть лет, а всего́ год с небольши́м.

I received one of his final letters in January of the following year, in Nice:

"Greetings, dear I.A.! Happy New Year's, may it bring you happiness! I received your letter, thank you. In Moscow all is well with us, there is nothing new (but for the New Year), nor is anything new foreseen, my play has still not run, and it is unknown when it will... It is very possible that I will be in Nice in February... Give my greetings to the dear, warm sun, to the peaceful sea. May your life be full of pleasure and comfort, write to your friend more often... Be healthy, happy and lucky, and don't forget your dark northern compatriots, ill-spirited and suffering from indigestion. Hugs and kisses."

1904

II

Once he said (as was his custom, suddenly):

"Do you know what happened to me once?"

Peering at me through his pince-nez for a long time, he burst out laughing:

"So I was walking up the main staircase of the Moscow Assembly of the Nobility and, at the mirror, his back to me, stood Yuzhin-Sumbatov, gripping Potapenko[3] by the button of his coat, saying to him insistently, through clenched teeth, 'You understand me, you are now the top, the number one writer in Russia!' And suddenly he sees me in the mirror, blushes and quickly spits out, pointing over his shoulder at me, 'And so is he...'"

As strange as it might seem to many people, it was true: he did not like actors and actresses, saying of them:

"They are 75 years behind Russian society. They're shallow people, inveterately vain to the core. For example, I remember Solovtsov...[4]

"Excuse me," I say, "But don't you remember the telegram which you sent to Solovtsov's theater after his death?"

Одно́ из его́ после́дних пи́сем я получи́л в январе́ сле́дующего го́да в Ни́цце:

"Здра́вствуйте, ми́лый И.А.! С Но́вым го́дом, с но́вым сча́стьем! Письмо́ Ва́ше получи́л, спаси́бо. У нас в Москве́ всё благополу́чно, но́вого (кро́ме Но́вого го́да) ничего́ нет и не предви́дится, пье́са моя́ ещё не шла, и когда́ пойдёт — неизве́стно... Очень возмо́жно, что в феврале́ я прие́ду в Ни́ццу... Поклони́тесь от меня́ ми́лому тёплому со́лнцу, ти́хому мо́рю. Живи́те в своё по́лное удово́льствие, утеша́йтесь, пиши́те поча́ще Ва́шим друзья́м... Бу́дьте здоро́вы, ве́селы, сча́стливы и не забыва́йте бу́рых се́верных компатрио́тов, страда́ющих несваре́нием и дурны́м расположе́нием ду́ха. Целу́ю Вас и обнима́ю".

1904

II

Одна́жды он сказа́л (по своему́ обыкнове́нию, внеза́пно):

— Зна́ете, кака́я раз была́ исто́рия со мной?

И, посмотре́в не́которое вре́мя в лицо́ мне че́рез пенсне́, приня́лся хохота́ть:

— Понима́ете, поднима́юсь я как-то по гла́вной ле́стнице моско́вского Благоро́дного собра́ния, а у зе́ркала, спино́й ко мне, стои́т Южин-Сумба́тов, де́ржит за пу́говицу Пота́пенко и насто́йчиво, да́же сквозь зу́бы, говори́т ему́: "Да пойми́ же ты, что ты тепе́рь пе́рвый, пе́рвый писа́тель в Росси́и!" — И вдруг ви́дит в зе́ркале меня́, красне́ет и скорогово́ркой прибавля́ет, ука́зывая на меня́ че́рез плечо́: "И он..."

Мно́гим э́то пока́жется о́чень стра́нным, но э́то так: он не люби́л актри́с и актёров, говори́л о них:

— На се́мьдесят пять лет отста́ли в разви́тии от ру́сского о́бщества. По́шлые, насквозь прожжённые самолю́бием лю́ди. Вот, наприме́р, вспомина́ю Соловцо́ва...

— Позво́льте, — говорю́ я, — а по́мните телегра́мму, кото́рую вы отпра́вили Соловцо́вскому теа́тру по́сле его́ сме́рти?

"Oh, what one doesn't have to write in letters and telegrams. What one has to say sometimes, in order not to offend..."

Pausing, then laughing again:

"And about the Art Theater too..."

There are things in his notebooks which I also heard him say. For example, he more than once asked me (each time forgetting that he had said it before, and each time laughing whole-heartedly):

"Listen, do you know the sort of lady, who, when you look at her, you think she must have gills underneath her corsage?"

More than once he said:

"In nature, a disgusting caterpillar turns into a lovely butterfly, but with people it is the other way around: a lovely butterfly turns into a disgusting caterpillar..."

"It is awful to lunch daily with a person who stutters and talks nonsense..."

"When a bad actress eats a partridge, I feel sorry for the partridge, which was a hundred times smarter and more talented than the actress..."

"Savina, for all that everyone raved about her, was to the stage what Victor Krylov is among playwrights..."[5]

Sometimes he said:

"A writer should be poor, he should be in a situation in which he thinks that he will die of hunger if he does not write, if he indulges his laziness. Writers should be put in the company of convicts and there be forced to write by way of solitary confinement, whipping and beating... Oh, how grateful I am to Fate that I was so poor in my youth! How I admired Davidova! Mamin-Sibiryak[6] would come to her: 'Alexandra Arkadyevna, I haven't a kopek, won't you give me a fifty ruble advance?' 'Not even if you were dying, my dear one, I would not. I would give it to you only if you agreed that I could lock you up in my study, give you ink, a pen, paper and three bottles of beer, letting you out only when you knocked and told me that you had finished a story.'"

And sometimes he said something entirely different:

"A writer should be fabulously rich, so rich that he could at any moment set off in his own yacht on a trip around the world, or head off on

— Мало ли что приходится писать в письмах, телеграммах. Мало ли что и про что говоришь иногда, чтобы не обижать...

И, помолчав, с новым смехом:

— И про Художественный театр...

В его записной книжке есть кое-что, что я слышал от него самого. Он, например, не раз спрашивал меня (каждый раз забывая, что уже говорил это, и каждый раз смеясь от всей души):

— Послушайте, а вы знаете тип такой дамы, глядя на которую всегда думаешь, что у неё под корсажем жабры?

Не раз говорил:

— В природе из мерзкой гусеницы выходит прелестная бабочка, а вот у людей наоборот: из прелестной бабочки выходит мерзкая гусеница...

— Ужасно обедать каждый день с человеком, который заикается и говорит глупости...

— Когда бездарная актриса ест куропатку, мне жаль куропатку, которая была во сто раз умней и талантливей этой актрисы...

— Савина, как бы там ни восхищались ею, была на сцене то же, что Виктор Крылов среди драматургов...

Иногда говорил:

— Писатель должен быть нищим, должен быть в таком положении, чтобы он знал, что помрёт с голоду, если не будет писать, будет потакать своей лени. Писателей надо отдавать в арестантские роты и там принуждать их писать карцерами, поркой, побоями... Ах, как я благодарен судьбе, что был в молодости так беден! Как восхищался Давыдовой! Придёт, бывало, к ней Мамин-Сибиряк: "Александра Аркадьевна, у меня ни копейки, дайте хоть пятьдесят рублей авансу". — "Хоть умрите, милый, не дам. Дам только в том случае, если согласитесь, что я запру вас сейчас у себя в кабинете на замок, пришлю вам чернил, перо, бумаги и три бутылки пива и выпущу только тогда, когда вы постучите и скажете мне, что у вас готов рассказ".

А иногда говорил совсем другое:

— Писатель должен быть баснословно богат, так богат, чтобы он мог в любую минуту отправиться в путешествие вокруг света

an expedition to the source of the Nile, to the South Pole, to Tibet and Arabia, to buy up all of the Caucasus or the Himalayas... Tolstoy says that a man needs just three *arshins* of land.[7] Nonsense. A dead man needs just three *arshins*, but a living man needs the whole world. Especially a writer..."

Speaking of Tolstoy, he once said:

"What I truly admire in him is his contempt for all us other writers, or, it is better to say, not contempt, but the fact that he considers all the rest of us other writers to be nothings. Sometimes he praises Maupassant, Kuprin, Semyonov, me... And why this praise? Because he looks upon us as children. Our stories and novels are like children's games to him, and therefore he, in essence, looks at Maupassant and Semyonov through the same eyes. But Shakespeare, that's another matter. That one is grown up, and it irritated him that he writes in an un-Tolstoyan manner..."

Once, reading the newspaper, he raised his face and unhurriedly, without any inflection, said:

"It's always the same: Korolenko and Chekhov, Potapenko and Chekhov, Gorky and Chekhov..."

Now he has been set apart. But I feel that even to this day he is not properly understood: he was too unusual and complex a person, with a secretive soul.

There is a wonderful line in his notebook:

"Just as I shall lie in my grave alone, so, in essence, do I live alone."

In the same notebook, he entered these thoughts:

"How willing people are to be deceived, how they love prophets, pontificators, what a herd they are!"

"For each intelligent man there are a thousand fools, for every intelligent word, there are a thousand idiotic ones, and these thousand drown out everything."

He was drowned out for a long time. Until *The Peasants*, far from his finest work, the general public willingly read him, but to them he was

на со́бственной я́хте, снаряди́ть экспеди́цию к исто́кам Ни́ла, к Ю́жному по́люсу, в Тибе́т и Ара́вию, купи́ть себе́ весь Кавка́з и́ли Гимала́и... Толсто́й говори́т, что челове́ку ну́жно всего́ три арши́на земли́. Вздор — три арши́на земли́ ну́жно мёртвому, а живо́му ну́жен весь земно́й шар. И осо́бенно — писа́телю...

Говоря́ о Толсто́м, он как-то сказа́л:

— Чем я осо́бенно в нём восхища́юсь, так э́то его́ презре́нием ко всем нам, про́чим писа́телям, и́ли, лу́чше сказа́ть, не презре́нием, а тем, что он всех нас, про́чих писа́телей, счита́ет соверше́нно за ничто́. Вот он иногда́ хва́лит Мопасса́на, Куприна́, Семёнова, меня́... Отчего́ хва́лит? Оттого́, что он смо́трит на нас как на дете́й. На́ши по́вести, расска́зы, рома́ны для него́ де́тские и́гры, и поэ́тому он, в су́щности, одни́ми глаза́ми гляди́т и на Мопасса́на и на Семёнова. Вот Шекспи́р — друго́е де́ло. Э́то уже́ взро́слый и раздража́ет его́, что пи́шет не по-толсто́вски...

Одна́жды, чита́я газе́ты, он по́днял лицо́ и не спеша́, без интона́ций сказа́л:

— Всё вре́мя так: Короле́нко и Че́хов, Пота́пенко и Че́хов, Го́рький и Че́хов...

Тепе́рь он вы́делен. Но, ду́мается, и до сих пор не по́нят как сле́дует: сли́шком своеобра́зный, сло́жный был он челове́к, душа́ скры́тная.

Замеча́тельная есть строка́ в его́ записно́й кни́жке:

"Как я бу́ду лежа́ть в моги́ле оди́н, так, в су́щности, я и живу́ оди́н".

В ту же записну́ю кни́жку он занёс таки́е мы́сли:

"Как лю́ди охо́тно обма́нываются, как лю́бят они́ проро́ков, веща́телей, како́е э́то ста́до!"

"На одного́ у́много полага́ется 1000 глу́пых, на одно́ у́мное сло́во прихо́дится 1000 глу́пых, и э́та ты́сяча заглуша́ет".

Его́ заглуша́ли до́лго. До "Мужико́в", далеко́ не лу́чшей его́ ве́щи, больша́я пу́блика охо́тно чита́ла его́; но для неё он был

merely an entertaining storyteller, the author of *A Game of Vint,* and *The Complaint Book.* People of "ideology" were little interested in him; they acknowledged his talent, but did not take him seriously. I remember how some of these laughed heartily at me when I, as a youth, dared to compare him with Garshin and Korolenko.[8] And there were those who said that they would never read someone who began by writing under the name Chekhonte: "Can you imagine," they said, "Tolstoy or Turgenev deciding to trade their given name for such a banal nickname?"

He achieved true fame only when the Art Theater put on his plays. And this was for him perhaps no less embarrassing than when he began to be spoken about only after the appearance of *The Peasants.* After all, his plays are far from the best things he has written, and it also meant that what brought attention his way was the theater, which had repeated his name a thousand times on placards, which had made famous "22 misfortunes," "deeply esteemed cupboard," and "a man has been forgotten." He himself often said:

"What kind of playwrights are we! The only true playwright is Naydyonov — a born dramaturgist who truly has a dramatic spring within him.[9] He will write ten more plays and nine of them will fail, but the tenth will be so successful that it will leave us gasping!"

Then, after a pause, he suddenly burst into joyous laughter:

"You know, I was recently in Gaspre with Tolstoy. He was still bedridden, yet he spoke much about everything, including of me, by the way. Finally, I stood up to take my leave. He clasps my hand and says, 'Kiss me.' And, as I kiss him, he suddenly leans into my ear and in the energetic voice of an old man, says: 'You know, I really can't stand your plays. Shakespeare wrote badly, and you are still worse!'"

For a long time he was known only as a "gloomy" writer, "the singer of twilight moods," "a painful talent," a man who looked at everything with only hopelessness and indifference.

Now things have shifted the other way around. "Chekhovian tenderness, melancholy, warmth," "Chekhovian love for humanity…" I can only imagine what he would think, reading of his "tenderness"! Even more repulsive to him would be "warmth" and "melancholy."

только занятный рассказчик, автор "Винта", "Жалобной книги". Люди "идейные" интересовались им, в общем, мало: признавали его талантливость, но серьёзно на него не смотрели, — помню, как некоторые из них искренне хохотали надо мной, юнцом, когда я осмелился сравнивать его с Гаршиным, Короленко, а были и такие, которые говорили, что и читать-то никогда не станут человека, начавшего писать под именем Чехонте: "Нельзя представить себе, — говорили они, — чтобы Толстой или Тургенев решились заменить своё имя такой пошлой кличкой".

Настоящая слава пришла к нему только с постановкой его пьес в Художественном театре. И, должно быть, это было для него не менее обидно, чем то, что только после "Мужиков" заговорили о нём: ведь и пьесы его далеко не лучшее из написанного им, а кроме того, это ведь значило, что внимание к нему привлёк театр, то, что тысячу раз повторилось его имя на афишах, что запомнились "22 несчастья", "глубокоуважаемый шкап", "человека забыли"... Он часто сам говорил:

— Какие мы драматурги! Единственный, настоящий драматург — Найдёнов: прирождённый драматург, с самой что ни на есть драматической пружиной внутри. Он должен теперь ещё десять пьес написать и девять раз провалиться, а на десятый опять такой успех иметь, что только ахнешь!

И, помолчав, вдруг заливался радостным смехом:

— Знаете, я недавно у Толстого в Гаспре был. Он ещё в постели лежал, но много говорил обо всём, и обо мне, между прочим. Наконец я встаю, прощаюсь. Он задерживает мою руку, говорит: "Поцелуйте меня", и, поцеловав, вдруг быстро суётся к моему уху и этакой энергичной старческой скороговоркой: "А всё-таки пьес ваших я терпеть не могу. Шекспир скверно писал, а вы ещё хуже!"

Долго иначе не называли его, как "хмурым" писателем, "певцом сумеречных настроений", "больным талантом", человеком, смотрящим на всё безнадёжно и равнодушно.

Теперь гнут палку в другую сторону. "Чеховская нежность, грусть, теплота", "чеховская любовь к человеку..." Воображаю, что чувствовал бы он сам, читая про свою "нежность"! Ещё более были бы противны ему "теплота", "грусть".

When speaking of him, even talented people sometimes strike the wrong tone. For example Elpatyevsky: "At Chekhov's house I met people who were good, soft, unassuming and undemanding — he was attracted to such people. He was always attracted by quiet valleys, with their mist, cloudy dreams and quiet tears…" Korolenko depicted his talent with unfortunate words like "simplicity and heartiness," ascribing to him "dolefulness for ghosts." One of the best articles about him belongs to Shestov,[10] who called him "a pitiless talent."

Even in everyday life, he was exacting and sparing with words. He valued words exceedingly highly; pompous, false, bookish words had a harsh effect upon him. He himself spoke beautifully, always in his particular way — clear, correct. One did not sense the writer in his speech. He used comparisons and epithets rarely, but if he used them, they were the most common sort and he never flaunted them; he never savored his own words well-spoken.

He loathed "big" words. There is an excellent passage in a memoir about him: "I once complained to Anton Pavlovich, 'Anton Pavlovich, what am I to do? I am consumed by self-reflection!' And Anton Pavlovich replied, 'You should drink less vodka.'"

True enough, it was owing to this loathing for "big" words, for a careless attitude to words typical of so many versifiers, and modern ones in particular, that poetry so rarely satisfied him.

"It is worth all of Urenius," he once said, recalling Lermontov's *The Sail.*

"What Urenius?" I asked.

"Is there no such poet?"

"No."

"Well then, Uprudius," he said in all seriousness.

"When Tolstoy dies, everything will go to hell!" he said many times.

"Literature?"

"And literature as well."

Говоря́ о нём, да́же тала́нтливые лю́ди поро́й беру́т неве́рный тон. Наприме́р, Елпа́тьевский: "Я встреча́л у Че́хова люде́й до́брых и мя́гких, нетре́бовательных и неповели́тельных, и его́ влекло́ к таки́м лю́дям. Его́ всегда́ влекли́ к себе́ ти́хие доли́ны с их мглой, тума́нными мечта́ми и ти́хими слеза́ми..." Короле́нко характеризу́ет его́ тала́нт таки́ми жа́лкими слова́ми, как "простота́ и задуше́вность", припи́сывает ему́ "печа́ль о при́зраках". Одна́ из са́мых лу́чших стате́й о нём принадлежи́т Шесто́ву, кото́рый называ́ет его́ беспоща́днейшим тала́нтом.

То́чен и скуп на слова́ был он да́же в обы́денной жи́зни. Сло́вом он чрезвыча́йно дорожи́л, сло́во высокопа́рное, фальши́вое, кни́жное де́йствовало на него́ ре́зко; сам он говори́л прекра́сно — всегда́ по-сво́ему, я́сно, пра́вильно. Писа́теля в его́ ре́чи не чу́вствовалось, сравне́ния, эпи́теты он употребля́л ре́дко, а е́сли и употребля́л, то ча́ще всего́ обы́денные и никогда́ не щеголя́л и́ми, никогда́ не наслажда́лся свои́м уда́чно ска́занным сло́вом.

К "высо́ким" слова́м чу́вствовал не́нависть. Замеча́тельное ме́сто есть в одни́х воспомина́ниях о нём: "Одна́жды я пожа́ловался Анто́ну Па́вловичу: "Анто́н Па́влович, что мне де́лать? Меня́ рефле́ксия зае́ла!" И Анто́н Па́влович отве́тил мне: "А вы поме́ньше во́дки пе́йте".

Ве́рно, в си́лу э́той не́нависти к "высо́ким" слова́м, к неосторо́жному обраще́нию со сло́вом, сво́йственному мно́гим стихотво́рцам, а тепе́решним в осо́бенности, так ре́дко удовлетворя́лся он стиха́ми.

— Это сто́ит всего́ Уре́ниуса, — сказа́л он одна́жды, вспо́мнив "Па́рус" Ле́рмонтова.

— Како́го Уре́ниуса? — спроси́л я.

— А ра́зве нет тако́го поэ́та?

— Нет.

— Ну, Упру́диуса, — сказа́л он серьёзно.

— Вот умрёт Толсто́й, всё к чёрту пойдёт! — говори́л он не раз.

— Литерату́ра?

— И литерату́ра.

As to the Moscow "decadents," as they were called then, he once said:

"What sort of decadents are they? They are strapping *muzhiks*! They ought to be put in convict gangs…"

He was also not flattering of Andreyev:[11]

"I am reading a page of Andreyev. After that I'll need a two hour stroll in the fresh air."

It would happen that people of all ranks of society would gather at his place. He was the same with everyone, giving preference to none, never letting anyone suffer on account of his pride. No one felt forgotten or left out. And he kept everyone at a certain distance.

He had a very great sense of personal worth, of independence.

"I fear only Tolstoy. After all, it is he who wrote that Anna felt, and saw, eyes shining at her in the dark!"

"Seriously, I fear him," he said, laughing as if he enjoyed his fear.

Once, it took him nearly an hour to decide which pants to wear to visit Tolstoy. He took off his pince-nez, which made him look younger, and, as was usual, mixed jokes and seriousness as he repeatedly emerged from his bedroom in a different pair of pants.

"No, these are indecently narrow. 'What a pen-pusher,' he'll think."

And he went and put on another pair, and came out, laughing:

"And these are as wide as the Black Sea. 'An insolent fellow,' he'll think."

Once, in the company of a few close friends, he went into Alupka and had breakfast in a restaurant. He was happy and joking quite a lot. Suddenly, at the neighboring table, some fellow stood up with a glass in his hand:

"Ladies and gentlemen! I propose a toast to Anton Pavlovich who is present among us: To the pride of our literature, the singer of twilight moods…"

Going pale, he stood up and left.

Про моско́вских "декаде́нтов", как тогда́ называ́ли их, он одна́жды сказа́л:

— Каки́е они́ декаде́нты, они́ здорове́ннейшие мужики́! Их бы в аресга́нтские ро́ты отда́ть...

Про Андре́ева то́же не ле́стно:

— Прочита́ю страни́цу Андре́ева — на́до по́сле того́ два часа́ гуля́ть на све́жем во́здухе.

Случа́лось, что собира́лись у него́ лю́ди са́мых разли́чных ра́нгов: со все́ми он был одина́ков, никому́ не ока́зывал предпочте́ния, никого́ не заставля́л страда́ть от самолю́бия, чу́вствовать себя́ забы́тым, ли́шним. И всех неизме́нно держа́л на изве́стном расстоя́нии от себя́.

Чу́вство со́бственного досто́инства, незави́симости бы́ло у него́ о́чень велико́.

— Бою́сь то́лько Толсто́го. Ведь поду́майте, ведь э́то он написа́л, что Анна сама́ чу́вствовала, ви́дела, как у неё блестя́т глаза́ в темноте́!

— Серьёзно, я его́ бою́сь, — говори́т он, смея́сь и как бы ра́дуясь э́той боя́зни.

И одна́жды чуть не час реша́л, в каки́х штана́х пое́хать к Толсто́му. Сбро́сил пенсне́, помолоде́л и, меша́я, по своему́ обыкнове́нию, шу́тку с серьёзным, всё выходи́л из спа́льни то в одни́х, то в други́х штана́х:

— Нет, э́ти неприли́чно узки́! Поду́мает: щелкопёр!

И шёл надева́ть други́е, и опя́ть выходи́л, смея́сь:

— А э́ти ширино́й с Чёрное мо́ре! поду́мает: наха́л...

Одна́жды он, в небольшо́й компа́нии бли́зких люде́й, пое́хал в Алу́пку и за́втракал там в рестора́не, был ве́сел, мно́го шути́л. Вдруг из сиде́вших за сосе́дним столо́м подня́лся како́й-то господи́н с бока́лом в руке́:

— Господа́! Я предлага́ю тост за прису́тствующего среди́ нас Анто́на Па́вловича, го́рдость на́шей литерату́ры, певца́ су́меречных настрое́ний...

Побледне́в, он встал и вы́шел.

I lived in Yalta for long stretches and spent nearly all my time there with him. I often left late at night, and he would say:

"Come a bit earlier tomorrow."

He lisped several sounds; he had a muffled voice and often spoke tone-lessly, as if mumbling; it was often difficult to know if he was speaking seriously or not. In time, I gave up trying to guess. He would toss off his pence-nez, lay his hands on his heart and, with a barely perceptible smile on his pale lips, enunciate carefully:

"Oh, I most insistently beseech you, dear Marquis Bukishon! If you ever tire of this old, forgotten writer, sit nonetheless with Masha, with mommy, who is so in love with you, with my wife, the Hungarian Knipshits… We will speak of literature…"

I would arrive and it happened that we would sit silently in his study all morning, reading the papers — he received many. He would say: "Let's read the papers and fish out themes for dramas and vaudevilles from the pronvincial records."

Sometimes there would be something written about me, most often something rather stupid, and he would hasten to soften the blow:

"They have written far stupider things about me, have said much viler things, and they have even been entirely silent…"

Once, someone detected in me a "Chekhovian mood." Becoming ani-mated, even agitated, he exclaimed with warm fervor:

"Oh, how stupid! How stupid! And I have been branded with 'Turgenev-ian notes.' You and I are alike, like a borzoi and a bloodhound. For example, you are much sharper than I. You once wrote, 'the sea smelled of water-melon'… That is wonderful, but I would never have said that. And the bit about the female student, that's another matter…"

"The female student…?"

"Don't you recall? We were thinking up a story together: a heat wave, the steppe beyond Kharkov, a very long mail train… And you added: a female student in a leather belt stands at the window of a third class cabin, dump-ing wet tea leaves from a teapot. The tea flies on the wind into the face of a fat man, leaning out of another window…"

Once, he suddenly put down his paper, set aside his pince-nez and start to quietly and sweetly laugh.

Я подо́лгу жива́л в Я́лте и почти́ все дни проводи́л у него́. Ча́сто я уезжа́л по́здно ве́чером, и он говори́л:

— Приезжа́йте за́втра пора́ньше.

Он на не́которых бу́квах шепеля́вил, го́лос у него́ был глухова́тый, и ча́сто говори́л он без отте́нков, как бы бормоча́: тру́дно бы́ло иногда́ поня́ть, серьёзно ли говори́т он. И я поро́й отка́зывался. Он сбра́сывал пенсне́, прикла́дывал ру́ки к се́рдцу с едва́ улови́мой улы́бкой на бле́дных губа́х, разде́льно повторя́л:

— Ну, убеди́тельнейше вас прошу́, господи́н марки́з Букишо́н! Е́сли вам бу́дет ску́чно со ста́рым забы́тым писа́телем, посиди́те с Ма́шей, с мама́шей, кото́рая влюблена́ в вас, с мое́й жено́й, венге́ркой Кни́пшиц... Бу́дем говори́ть о литерату́ре...

Я приезжа́л, и случа́лось, что мы, си́дя у него́ в кабине́те, молча́ли всё у́тро, просма́тривая газе́ты, кото́рых он получа́л мно́жество. Он говори́л: "Дава́йте газе́ты чита́ть и выу́живать из провинциа́льной хро́ники те́мы для драм и водеви́лей". Иногда́ попада́лось кое-что обо мне, ча́ще всего́ что-нибудь о́чень неу́мное, и он спеши́л смягчи́ть э́то:

— Обо мне же ещё глупе́е писа́ли, обо мне говори́ли ещё зле́е, а то и совсе́м молча́ли...

Случа́лось, что во мне находи́ли "че́ховское настрое́ние". Оживля́ясь, да́же волну́ясь, он восклица́л с мя́гкой горя́чностью:

— Ах, как э́то глу́по! Ах, как глу́по! И меня́ допека́ли "турге́невскими но́тами". Мы похо́жи с ва́ми, как борза́я на го́нчую. Вы, наприме́р, гора́здо ре́зче меня́. Вы вон пи́шете: "мо́ре па́хнет арбу́зом"... Э́то чуде́сно, но я бы так не сказа́л. Вот про курси́стку — друго́е де́ло...

— Про каку́ю курси́стку?

— А по́мните, мы с ва́ми выду́мывали расска́з: жара́, степь за Ха́рьковом, идёт длинне́йший почто́вый по́езд... А вы приба́вили: курси́стка в ко́жаном по́ясе стои́т у окна́ ваго́на тре́тьего кла́сса и вытря́хивает из ча́йника мо́крый чай. Чай лети́т по ве́тру в лицо́ то́лстого господи́на, вы́сунувшегося из друго́го окна́...

Иногда́ он вдруг опуска́л газе́ту, сбра́сывал пенсне́ и принима́лся ти́хо и сла́дко хохота́ть.

"What did you read?"

"The Samara merchant Babkin," laughing, speaking in a thin voice, "left all of his fortune for construction of a monument to Hegel."

"Are you're joking?"

"Lord, no. To Hegel."

Another time he dropped his paper and suddenly asked:

"What will you write about me in your memoirs?"

"It's you who will write about me. You will outlive me."

"But you're young enough to be my son."

"It's all the same, you have peasant blood."

"And yours is noble. Peasants and merchants degenerate horribly quickly. Just read my story, *Three Years*. And then you are a strapping man, only rather thin, like a good borzoi. Take a few drops of a tonic and you'll live to be a hundred. I'll write you a prescription right now if you like, I'm a doctor after all. I have treated Nikodim Palych Konda-kov[12] himself, and cured his hemorrhoids. But just don't write about me in your memoirs that I was 'a likeable talent and man of crystal purity.'"

"That is what they wrote of me," I said. "They wrote that I had a likeable gift."

He started to laugh with that painful satisfaction with which he laughed when something especially pleased him.

"Wait, and what was it that Korolenko wrote about you?"

"It wasn't Korolenko, but Zlatovratsky.[13] It was about one of my first stories. He wrote that the story 'would have done credit to an even greater talent.'"

He doubled over in laughter, his head on his knees, then putting back on his pince-nez and looking at me sharply and happily, said:

"Still, it's better than what they wrote about me. The critics beat up on us every Saturday, they way they do in seminary. And I deserved it. When I started, I wrote like the last son of a bitch. I'm a proletarian after all. When I was a boy, I sold tallow candles in our Taganrog shop. Oh, it was so damn cold there! Yet I still took great pleasure wrapping up an icy candle in a scrap of rag paper. And our john was in a field, a *verst* from the house. Sometimes, running there in the middle of the night, I'd find some thief sleeping in the field. We'd scare each other to

— Что тако́е вы прочли́?

— Сама́рский купе́ц Ба́бкин, — хохоча́, отвеча́л он то́нким го́лосом, — завеща́л всё своё состоя́ние на па́мятник Ге́гелю.

— Вы шу́тите?

— Ей-бо́гу, нет, Ге́гелю.

А то, опуска́я газе́ту, внеза́пно спра́шивал:

— Что вы обо мне бу́дете писа́ть в свои́х воспомина́ниях?

— Это вы бу́дете обо мне писа́ть. Вы переживёте меня́.

— Да вы мне в де́ти годи́тесь.

— Всё равно́. В вас наро́дная кровь.

— А в вас дворя́нская. Мужики́ и купцы́ стра́шно бы́стро вырожда́ются. Прочти́те-ка мою́ по́весть "Три го́да". А пото́м вы же здорове́ннейший мужчи́на, то́лько худы́ о́чень, как хоро́шая борза́я. Принима́йте аппети́тные ка́пли и бу́дете жить сто лет. Я пропишу́ вам ны́нче же, я ведь до́ктор. Ко мне сам Никоди́м Па́лыч Кондако́в обраща́лся, и я его́ от геморро́я вы́лечил. А в воспомина́ниях обо мне не пиши́те, что я был "симпати́чный тала́нт и криста́льной чистоты́ челове́к".

— Это про меня́ писа́ли, — говори́л я, — писа́ли, бу́дто я симпати́чное дарова́ние.

Он принима́лся хохота́ть с тем мучи́тельным удово́льствием, с кото́рым он хохота́л тогда́, когда́ ему́ что-нибудь осо́бенно нра́вилось.

— Посто́йте, а как э́то про вас Короле́нко написа́л?

— Это не Короле́нко, а Златовра́тский. Про оди́н из мои́х пе́рвых расска́зов. Он написа́л, что э́тот расска́з "сде́лал бы честь и бо́лее кру́пному тала́нту".

Он со сме́хом па́дал голово́й на коле́ни, пото́м надева́л пенсне́ и, гля́дя на меня́ зо́рко и ве́село, говори́л:

— Всё-таки э́то лу́чше, чем про меня́ писа́ли. Нас, как в бу́рсе, кри́тики ка́ждую суббо́ту дра́ли. И поде́лом. Я на́чал писа́ть как после́дний су́кин сын. Я ведь пролета́рий. В де́тстве, в на́шей таганро́гской ла́вочке, я са́льными свеча́ми торгова́л. Ах, како́й там прокля́тый хо́лод был! А я всё-таки с наслажде́нием завора́чивал э́ту ледяну́ю све́чку в обры́вок хлопча́той бума́ги. А нужни́к у нас был на пустыре́, за версту́ от до́ма. Быва́ло, прибежи́шь туда́

death! But here is my advice to you," he suddenly added. "Stop being a dilettante and do something craftsmanlike. It's rather trashy to write as I had to, for a piece of bread. But you must to some degree be a craftsman, and not constantly wait around for inspiration."

Then, pausing:

"As for Korolenko, he needs to cheat on his wife. So that he can start writing better. And he is also too generous. Do you remember telling me how he once was brought to tears by the poems of some Verbov or Vetkov in *Russian Wealth*, which described the 'wolves of reaction' surrounding a singer, a national poet, in a field during a terrible snowstorm, and how the poet so beautifully strummed the strings of his lyre that the wolves rain away out of fear? You were telling the truth, right?"

"You have my word, it was the truth."

"By the way, did you know that all the cabbies in Perm look like Dobrolyubov?"[14]

"You dislike Dobrolyubov?"

"No, I like him. These were the most decent people. Not like Skabichevsky,[15] who wrote that I would die in the gutter as a drunkard, since I did not have in me 'the divine spark.'"

"You know," I said, "Skabichevsky once told me that he never in his life had seen how they grow rye, and had never once spoken with a peasant."

"Well, there you are, and his whole life he wrote about the common people and the common life... Yes, it is awful to remember what they wrote about me! And I am cold-blooded — do you remember I had a story *Cold Blood*? — and it is all the same to me, I don't care if I am writing about a dog or a drowning victim, a train or first love... *Gloomy Folk*[16] saved me a bit, since it was found to have value, since it depicted the reaction of the eighties. And also *A Nervous Breakdown* [1888], because an 'honest' student goes mad thinking about prostitution. But I can't stand Russian students, they are all loafers..."

ночью, а там жу́лик ночу́ет. Испуга́емся друг дру́га ужа́сно! — То́лько вот вам мой сове́т, — вдруг прибавля́л он, — переста́ньте быть дилета́нтом, сде́лайтесь хоть немно́го мастеровы́м. Это о́чень скве́рно, как я до́лжен был писа́ть — из-за куска́ хле́ба, но в не́которой ме́ре обяза́тельно на́до быть мастеровы́м, а не ждать всё вре́мя вдохнове́нья.

Пото́м, помолча́в:

— А Короле́нке на́до жене́ измени́ть, обяза́тельно, — что́бы нача́ть получше писа́ть. А то он чересчу́р благоро́ден. По́мните, как вы мне расска́зывали, что он до слёз восхища́лся одна́жды стиха́ми в "Ру́сском бога́тстве" како́го-то Ве́рбова и́ли Ве́ткова, где опи́сывались "во́лки реа́кции", обступи́вшие певца́, наро́дного поэ́та, в по́ле, в стра́шную мете́ль, и то, как он так зву́чно уда́рил по стру́нам ли́ры, что во́лки в стра́хе разбежа́лись? Это вы пра́вду расска́зывали?

— Че́стное сло́во, пра́вду.

— А кста́ти: вы зна́ете, что в Перми́ все изво́зчики похо́жи на Добролю́бова?

— Вы не лю́бите Добролю́бова?

— Нет, люблю́. Это же поря́дочные бы́ли лю́ди. Не то что Скабиче́вский, кото́рый писа́л, что я умру́ под забо́ром от пья́нства, так как у меня́ "и́скры бо́жьей нет".

— Вы зна́ете, — говори́л я, — мне Скабиче́вский сказа́л одна́жды, что он за всю свою́ жизнь не вида́л, как растёт рожь, и ни с одни́м мужико́м не разгова́ривал.

— Ну, вот, вот, а всю жизнь про наро́д и про расска́зы из наро́дного бы́та писа́л... Да, стра́шно вспо́мнить, что обо мне писа́ли! И кровь-то у меня́ холо́дная — по́мните у меня́ расска́з "Холо́дная кровь"? — и изобража́ть-то мне реши́тельно всё равно́, что и́менно — соба́ку и́ли уто́пленника, по́езд и́ли пе́рвую любо́вь... Меня́ ещё спаса́ли "Хму́рые лю́ди", — находи́ли, что э́то расска́зы всё-таки сто́ящие, потому́ что там бу́дто бы изображена́ реа́кция восьмидеся́тых годо́в. Да ещё расска́з "Припа́док" — там "че́стный" студе́нт с ума́ схо́дит при мы́сли о проститу́ции. А я ру́сских студе́нтов терпе́ть не могу́ — они́ же ло́дыри...

Once, when he again started to playfully pester me about what I would write about him in my memoirs, I answered:

"I will write, first and foremost, of how and why we met in Moscow. It was in ninety-five, in December. I didn't know that you had arrived in Moscow. But there I was, sitting with a certain poet in the Moscow Grand Hotel, drinking red wine, listening to the player piano, and this poet kept reciting his poems, getting more and more worked up about himself. We left very late, and the poet was so excited that he kept reciting his poetry, even on the steps. So, still reciting, he started looking for his coat in the coatroom. The porter says to him, tenderly, 'Allow me, sir, I will look for it…' The poet turned on him like a wild beast, 'Quiet, don't butt in!' 'But excuse me, sir, this is not your coat…' 'How's that, you scoundrel? You telling me I am taking someone else's coat?' 'Exactly sir, someone els—' 'Quiet, scoundrel, this is my coat!' 'Well, no, sir, it is not your coat!' 'Then tell me right this minute, whose is it?!' 'Anton Pavlovich Chekhov.' 'You're lying, I'll kill you on this very spot for such a lie!' 'Certainly, if that is your wish, sir, but this is the coat of Anton Pavlovich Chekhov.' 'That means he is here?' 'He always stays here…' And we all but rushed upstairs to introduce ourselves, at three o'clock in the morning. But, luckily, we held back and came the next day, but missed you the first time. We only saw your room, which the maid was cleaning, and your manuscript was on the table. It was the beginning of the *A Women's Kingdom.*"

He was dying from laughter and said:

"I can guess who the poet was." Balmont,[17] of course. And how did you find out which manuscript was lying on my table? Did you peek?"

"Forgive me, friend, we couldn't resist."

"Too bad you did not stop by that night. It is so nice to go off somewhere in the middle of the night, suddenly. I love restaurants."

He once was extremely happy when I told him how our village deacon, who had been invited to our house for my father's name day, ate two pounds of caviar, down to the last kernel. He started his story *In the Ravine* with that incident.

Раз, когда он опять как-то стал шутя приставать ко мне, что именно напишу я о нём в своих воспоминаниях, я ответил:

— Я напишу прежде всего, как и почему я познакомился с вами в Москве. Это было в девяносто пятом году, в декабре. Я не знал, что вы приехали в Москву. Но вот сидим мы однажды с одним поэтом в "Большом Московском", пьём красное вино, слушаем машину, а поэт всё читает свои стихи, всё больше и больше собой восторгаясь. Вышли мы очень поздно, и поэт был уже так возбуждён, что и на лестнице продолжал читать. Так, читая, он стал и своё пальто на вешалке искать. Швейцар ему нежно: "Позвольте, господин, я сам найду..." Поэт на него зверем: "Молчать, не мешай!" — "Но позвольте, господин, это не ваше пальто..." — "Как, негодяй? Значит, я чужое пальто беру?" — "Так точно, чужое-с". — "Молчать, негодяй, это моё пальто!" — "Да нет же, господин, это не ваше пальто!" — "Тогда говори сию же минуту, чьё?" — "Антона Павловича Чехова". — "Врёшь, я убью тебя за эту ложь на месте!" — "Есть на то воля ваша, только это пальто Антона Павловича Чехова". — "Так, значит, он здесь?" — "Всегда у нас останавливаются..." И вот, мы чуть не кинулись к вам знакомиться, в три часа ночи. Но, к счастью, удержались и пришли на другой день, и на первый раз не застали — видели только ваш номер, который убирала горничная, и вашу рукопись на столе. Это было начало "Бабьего царства".

Он помирал со смеху и говорил:

— Кто этот поэт, догадываюсь. Бальмонт, конечно. А откуда вы узнали, какая именно рукопись лежала у меня на столе? Значит, подсмотрели?

— Простите, дорогой, не удержались.

— А жалко, что вы не зашли ночью. Это очень хорошо — закатиться куда-нибудь ночью, внезапно. Я люблю рестораны.

Необыкновенно радовался он однажды, когда я рассказал ему, что наш сельский дьякон до крупинки съел как-то, на именинах моего отца, фунта два икры. Этой историей он начал свою повесть "В овраге".

He loved to repeat that, if a person does not work, does not constantly live in an artistic atmosphere, then even if he were Solomon the Wise, he would feel empty and talentless.

Sometimes he took his notebook from his writing table and, raising his face, the glass of his pince-nez shining, shook the book in the air:

"Exactly one hundred plots! Yesiree, my good sir! Can't beat that, young 'un! I'm a true worker! Would you like me to sell you a couple?"

Sometimes he allowed himself to take an evening stroll. Once, we were returning from such a stroll rather late. He was very tired, had over-done it — in recent days he had stained many handkerchiefs with blood — he was silent, his eyes half-closed. We walked past a balcony, beyond which a light was burning, revealing a woman's silhouette. And suddenly he opened his eyes and said very loudly:

"Did you hear? It's horrible! Bunin's been murdered! In Autka, at some Tatar woman's place!"

I stopped in amazement, and he quickly whispered:

"Quiet! Tomorrow all of Yalta will be talking about Bunin's murder."

A writer once complained: "I am shamed to tears when I think how weak, how poor my first writings were!"

"Oh, how can you say that!" he exclaimed. "It is wonderful to begin badly! Just remember, if for a writer just starting out everything is sud-denly the best it can be, that'll be the end of him."

And he started to argue vehemently that only "able" people — that is those who are unoriginal, lacking in talent — mature early and fast. Because ability is equal to the capacity to adapt and "to live life easily." But talent suffers, seeking a way to express itself.

Many Turks and Caucasians worked along the shores of the Black Sea. Knowing of the hostility, mingled with contempt, that we have for foreign-ers, he never let slip an opportunity to say enthusiastically that these were a hard-working, honest people.

Он люби́л повторя́ть, что е́сли челове́к не рабо́тает, не живёт постоя́нно в худо́жественной атмосфе́ре, то, будь он хоть Соломо́н прему́дрый, всё бу́дет чу́вствовать себя́ пусты́м, безда́рным.

Иногда́ вынима́л из стола́ свою́ записну́ю кни́жку и, подня́в лицо́ и блестя́ стёклами пенсне́, мота́л е́ю в во́здухе:

— Ро́вно сто сюже́тов! Да-с, ми́лсдарь! Не вам, молоды́м, чета́! Рабо́тник! Хоти́те, па́рочку прода́м?

Иногда́ он разреша́л себе́ вече́рние прогу́лки. Раз возвраща́емся с тако́й прогу́лки уже́ по́здно. Он о́чень уста́л, идёт че́рез си́лу — за после́дние дни мно́го смочи́л платко́в кро́вью, — молчи́т, прикрыва́ет глаза́. Прохо́дим ми́мо балко́на, за паруси́ной кото́рого свет и силуэ́ты же́нщин. И вдруг он открыва́ет глаза́ и о́чень гро́мко говори́т:

— А слы́шали? Како́й у́жас! Бу́нина уби́ли! В Ау́тке, у одно́й тата́рки!

Я остана́вливаюсь от изумле́ния, а он бы́стро ше́пчет:

— Молчи́те! За́втра вся Я́лта бу́дет говори́ть об уби́йстве Бу́нина.

Оди́н писа́тель жа́ловался: "До слёз сты́дно, как сла́бо, пло́хо на́чал я писа́ть!"

— Ах, что вы, что вы! — воскли́кнул он. — Э́то же чуде́сно — пло́хо нача́ть! Пойми́те же, что, е́сли у начина́ющего писа́теля сра́зу выхо́дит всё честь че́стью, ему́ кры́шка, пиши́ пропа́ло!

И горячо́ стал дока́зывать, что ра́но и бы́стро созрева́ют то́лько лю́ди спосо́бные, то есть не оригина́льные, тала́нта, в су́щности, лишённые, потому́ что спосо́бность равня́ется уме́нью приспособля́ться и "живёт она́ легко́", а тала́нт му́чится, ища́ проявле́ния себя́.

По берега́м Чёрного мо́ря рабо́тало мно́го ту́рок, кавка́зцев. Зна́я то недоброжела́тельство, сме́шанное с презре́нием, како́е есть у нас к иноро́дцам, он не упуска́л слу́чая с восхище́нием сказа́ть, како́й э́то трудолюби́вый, че́стный наро́д.

He ate little, slept little, and truly loved order. His rooms were surprisingly clean, his bedroom like that of a young girl. No matter how weak he was, he never allowed himself the least indulgence as regards his clothing.

His hands were large, dry and pleasant.

As happens with people who think a great deal, he often forgot things he had said many times.

I remember his silence, his cough, his half-closed eyes, the thought evident on his face, peaceful and sad, almost grave. But there was no "melancholy," no "warmth."

A winter day in the Crimea, grey, cool, sleepy thick clouds over the Yaila. All was quiet in the Chekhov house, with the regular tick of the alarm clock in Yevgenia Yakovlevna's room.[18] He, without his pince-nez, sits in his study at his writing table, not hurrying, carefully describing something. Then he stands up, puts on his coat, his hat, his low leather galoshes, and goes out somewhere, where a mousetrap has been set. He returns, holding a live mouse by its tail, goes out onto the patio, slowly walks through the garden to the fence, beyond which is a Tatar cemetery on a stone-covered hill. He carefully tosses the mouse over the fence and, attentively examining the young trees, walks back to the bench in the middle of the garden. Behind him trots a crane and two little dogs. Sitting down, he gently uses a stick to play with one that has rolled onto his back near his feet. He smiles: some fleas are crawling across the dog's pink belly... Then, leaning back on the bench, looking into the distance toward the Yaila, his face raised, he thinks about something. He sits there for an hour or an hour and a half...

Was there a single great love in his life? I think not.

"Love," he wrote in his notebook, "is either the remains of something that has degenerated, which was once enormous, or it is a portion of that which in the future will develop into something enormous. But in the present it does not satisfy, it gives far less than you expect."

Он ма́ло ел, ма́ло спал, о́чень люби́л поря́док. В ко́мнатах его́ была́ удиви́тельная чистота́, спа́льня была́ похо́жа на деви́чью. Как ни слаб быва́л он поро́й, ни мале́йшей побла́жки не дава́л он себе́ в оде́жде.

Ру́ки у него́ бы́ли больши́е, сухи́е, прия́тные.

Как почти́ все, кто мно́го ду́мает, он нере́дко забыва́л то, что уже́ не раз говори́л.

По́мню его́ молча́ние, пока́шливание, прикрыва́ние глаз, ду́му на лице́, споко́йную и печа́льную, почти́ ва́жную. То́лько не "грусть", не "теплоту́".

Кры́мский зи́мний день, се́рый, прохла́дный, со́нные густы́е облака́ на Я́йле. В че́ховском до́ме ти́хо, ме́рный стук буди́льника из ко́мнаты Евге́нии Я́ковлевны. Он, без пенсне́, сиди́т в кабине́те за пи́сьменным столо́м, не спеша́, аккура́тно запи́сывает что-то. Пото́м встаёт, надева́ет пальто́, шля́пу, ко́жаные ме́лкие кало́ши, ухо́дит куда́-то, где стои́т мышело́вка. Возвраща́ется, держа́ за ко́нчик хвоста́ живу́ю мышь, выхо́дит на крыльцо́, ме́дленно прохо́дит сад вплоть до огра́ды, за кото́рой тата́рское кла́дбище на камени́стом бугре́. Осторо́жно броса́ет туда́ мышь и, внима́тельно огля́дывая молоды́е деревца́, идёт к скаме́ечке среди́ са́да. За ним бежи́т жура́вль, две собачо́нки. Сев, он осторо́жно игра́ет тро́сточкой с одно́й из них, упа́вшей у его́ ног на́ спину, усмеха́ется: бло́хи ползу́т по ро́зовому брю́шку... Пото́м, прислоня́сь к скамье́, смо́трит вдаль, на Я́йлу, подня́в лицо́, что-то ду́мая. Сиди́т так час, полтора́...

Была́ ли в его́ жи́зни хоть одна́ больша́я любо́вь? Ду́маю, что нет. "Любо́вь, — писа́л он в свое́й записно́й кни́жке, — э́то и́ли оста́ток чего́-то вырожда́ющегося, бы́вшего когда́-то грома́дным, и́ли же э́то часть того́, что в бу́дущем разовьётся в не́что грома́дное, в настоя́щем же оно́ не удовлетворя́ет, даёт гора́здо ме́ньше, чем ждёшь".

What did he think of death?

He said many times, carefully and firmly, that immortality, life after death in one form or another, is arrant nonsense:

"It is superstition. And any superstition is horrible. One needs to think clearly and courageously. You and I should thoroughly discuss this one day. I will prove to you that just as two times two is four, immortality is nonsense."

But then several times he still more strongly said the opposite:

"There is no way we can disappear without a trace. Of course we will live after death. Immortality is a fact. Just wait, I will prove it to you..."

Toward the end of his life he often dreamed aloud:

"Oh, to become a tramp, a pilgrim, to travel to holy places, to live in a monastery in the middle of the forest, next to a lake, to sit of a summer evening on a bench near the monastery gate."

His *Bishop* passed unnoticed, unlike his *Cherry Orchard*, with the big paper flowers that blossomed in extraordinary abundance behind the windows of the theater set. And who knows how famous he would have been, were there no *Game of Vint*, *The Peasants*, and the Moscow Art Theater?

"A month later a new suffragen bishop was appointed, and no one thought any more about the Right Reverend Pyotr. Then they completely forgot about him. And only the old woman, the mother of the deceased, who now lives in a remote little country town, when she goes out at sunset to meet her cow and joins the other women in the pasture, does she tell them about her children, about her grandchildren, about how she had a son who became a bishop, and she says this all timidly, fearing that they will not believe her... And, actually, not all of them believed her..."[19]

I was living in the country when I received my last letter from him, from abroad, in the middle of June 1904. He wrote that he felt not half bad, had ordered himself a white suit, and only worried about Japan, "a wonderful country," which, of course, Russia would smash and crush. On July 4, I went to the village on horseback to get the mail, gathered the newspapers and letters and turned in at the blacksmith's to re-shod my horse. It was a

Что ду́мал он о сме́рти?

Мно́го раз стара́тельно-твёрдо говори́л, что бессме́ртие, жизнь по́сле сме́рти в како́й бы то ни́ было фо́рме — су́щий вздор:

— Это суеве́рие. А вся́кое суеве́рие ужа́сно. На́до мы́слить я́сно и сме́ло. Мы как-нибудь потолку́ем с ва́ми об э́том основа́тельно. Я, как два́жды два четы́ре, докажу́ вам, что бессме́ртие — вздор.

Но пото́м не́сколько раз ещё твёрже говори́л противополо́жное:

— Ни в ко́ем слу́чае не мо́жем мы исче́знуть без следа́. Обяза́тельно бу́дем жить по́сле сме́рти. Бессме́ртие — факт. Вот погоди́те, я докажу́ вам э́то...

После́днее вре́мя ча́сто мечта́л вслух:

— Стать бы бродя́гой, стра́нником, ходи́ть по святы́м места́м, посели́ться в монастыре́ среди́ ле́са, у о́зера, сиде́ть ле́тним ве́чером на ла́вочке во́зле монасты́рских воро́т...

Его́ "Архиере́й" прошёл незаме́ченным — не то что "Вишнёвый сад" с больши́ми бума́жными цвета́ми, невероя́тно гу́сто беле́вшими за театра́льными о́кнами. И кто зна́ет, что бы́ло бы с его́ сла́вой, не будь "Винта́", "Мужико́в", Худо́жественного теа́тра!

"Че́рез ме́сяц был назна́чен но́вый вика́рный архиере́й, а о преосвяще́нном Петре́ уже́ никто́ не вспомина́л. А пото́м и совсе́м забы́ли. И то́лько стару́ха, мать поко́йного, кото́рая живёт тепе́рь в глухо́м уе́здном городи́шке, когда́ выходи́ла под ве́чер, что́бы встре́тить свою́ коро́ву, и сходи́лась на вы́гоне с други́ми же́нщинами, то начина́ла расска́зывать о де́тях, о вну́ках, о том, что у неё был сын архиере́й, и при э́том говори́ла ро́бко, боя́сь, что ей не пове́рят... И ей в са́мом де́ле не все ве́рили..."

После́днее письмо́ я получи́л от него́ из-за грани́цы, в середи́не ию́ня 1904 го́да, живя́ в дере́вне. Он писа́л, что чу́вствует он себя́ неду́рно, заказа́л себе́ бе́лый костю́м, огорча́ется то́лько за Япо́нию, "чуде́сную страну́", кото́рую, коне́чно, разобьёт и разда́вит Росси́я. Четвёртого ию́ля я пое́хал верхо́м в село́ на по́чту, взял там газе́ты, пи́сьма и заверну́л в ку́зницу перекова́ть ло́шади но́гу. Был жа́ркий

hot and sleepy day on the steppe, with a dull, lustrous sky and a hot, southern wind. I opened a newspaper, sitting on the doorstep of the blacksmith's hut, and suddenly my heart was pierced by an icy razor…

His death was quickened by a cold. Prior to his departure from Moscow for abroad he went to the banya and, having washed and dressed, he went outside too soon. He met Sergeyenko in the hall and rushed away from him, from his intrusive chatter…[20]

This is the same Sergeyenko who for many years pestered Tolstoy (*How Tolstoy Lives and Works*) and whom Chekhov had nicknamed, because of his long, thin figure, his unchanging black suit and his black hair:

"A funeral cart upright."

1914

First published in Russian: 1904 & 1914
Translation by Paul E. Richardson
(First section based in parts on a 1921 translation
by S. S. Koteliansky and Leonard Woolf.)

и со́нный степно́й день, с ту́склым бле́ском не́ба, с горя́чим ю́жным ве́тром. Я разверну́л газе́ту, си́дя на поро́ге кузнецо́вой избы́, — и вдруг то́чно ледяна́я бри́тва полосну́ла мне по се́рдцу...

Смерть его́ уско́рила просту́да. Пе́ред отъе́здом из Москвы́ за грани́цу он пошёл в ба́ню и, вы́мывшись, оде́лся и вы́шел сли́шком ра́но: встре́тился в предба́ннике с Серге́енко и бежа́л от него́, от его́ навя́зчивости, болтли́вости...

Э́то тот са́мый Серге́енко, кото́рый мно́го лет надоеда́л Толсто́му ("Как живёт и рабо́тает Толсто́й") и кото́рого Че́хов за его́ худобу́ и дли́нный рост, неизме́нный чёрный костю́м и чёрные во́лосы называ́л так:

— Погреба́льные дро́ги стойма́.

1914

A Horsey Name
Anton Chekhov

Retired Major-General Buldeyev got a toothache. He rinsed his mouth with vodka and cognac, applied tobacco ash, tried opium, turpentine, and kerosene, swabbed his cheek with iodine, and put alcohol-soaked cotton in his ears, but these measures either had no effect or made him nauseous. The dentist came. He dug around for while at the tooth and prescribed quinine, but not even this helped. The General refused a proposal to pull the bad tooth. Everyone in the household, his wife, children, servants, and even Petka, the cook's helper, proposed their own remedy. To top it all off, even Buldeyev's steward, Ivan Yevseich, dropped by and suggested that he try a magic spell.

"Right here, in our county, your Excellency, " he said, "about ten years ago there was a tax collector named Yakov. He put spells on teeth — first class. He would turn to the window, whisper, spit, and there you go! He had been gifted with a power..."

"And where is he now?"

"Since he was fired from the tax office he's been living at his aunt's in Saratov. Now he earns a living through teeth alone. If somebody has a toothache, he visits and helps... He makes house calls in Saratov, but when it's from another city, he works by telegraph. Send him, your Excellency, a telegram like... 'God's humble servant Aleksei has a toothache and requests help.' And you can send money for the cure through the mail."

Лошадиная фамилия
Антон Чехов

У отставного генерал-майора Булдеева разболелись зубы. Он полоскал рот водкой, коньяком, прикладывал к больному зубу табачную копоть, опий, скипидар, керосин, мазал щёку йодом, в ушах у него была вата, смоченная в спирту, но всё это или не помогало, или вызывало тошноту. Приезжал доктор. Он поковырял в зубе, прописал хину, но и это не помогло. На предложение вырвать больной зуб генерал ответил отказом. Все домашние — жена, дети, прислуга, даже поварёнок Петька предлагали каждый своё средство. Между прочим и приказчик Булдеева Иван Евсеич пришёл к нему и посоветовал полечиться заговором.

— Тут, в нашем уезде, ваше превосходительство, — сказал он, — лет десять назад служил акцизный Яков Васильич. Заговаривал зубы — первый сорт. Бывало, отвернётся к окошку, пошепчет, поплюёт — и как рукой! Сила ему такая дадена...

— Где же он теперь?

— А после того, как его из акцизных уволили, в Саратове у тёщи живёт. Теперь только зубами и кормится. Ежели, у которого человека заболит зуб, то и идут к нему, помогает... Тамошних, саратовских на дому у себя пользует, а ежели которые из других городов, то по телеграфу. Пошлите ему, ваше превосходительство, депешу, что так, мол, вот и так... у раба божьего Алексия зубы болят, прошу выпользовать. А деньги за лечение почтой пошлёте.

"Nonsense! Charlatan!"

"Just try it, your Excellency. He's inclined to vodka and lives with some German woman, not his wife, and he does love to cuss, but one can still say that he's a real miracle worker."

"Send it, Aleksei," implored his spouse. "You might not believe in spells, but I've tried them. You might not believe, but why not just send it? Your hands won't fall off."

"Well, enough," Buldeyev agreed. "At this point I'd send a request not just to a tax collector but to the Devil himself... Oh! I don't have the strength! Well, where does your tax collector live? How can I write him?"

The General sat at his desk and took a pen.

"Every last dog in Saratov knows him," said the steward. "If you please, your Excellency, write to, it would be, Saratov, the esteemed Mr. Yakov... Yakov..."

"Well?"

"Yakov... Yakov... and his family name is... but I forgot his family name!... Yakov... Hell! What's his family name? I just remembered it on my way here... A moment, if you please, sir..."

Ivan Yevseich raised his eyes to the ceiling and moved his lips. Buldeyev and his spouse waited impatiently.

"Well? Think faster!"

"Just a moment... Yakov... Yakov... I forgot! And it's such a simple name... kind of horsey... Mare? No, not Mare. Wait... something like Stallion? No, not Stallion. I remember the name had something to do with horses, but what exactly has gone right out of my head."

"Stallionikov?"

"Not at all. Wait... Maritsyn... Mariatnikov... Marev..."

"That's more like a dog, not a horse... How about Stalliechikov?"

"No, not Stalliechikov... Horsin... Horskov... Stallebkin... None of that's right!"

"Well, how can I write him? You just think!"

"Right away. Horsadkin... Marekin... Bridle..."

"Bridlekov?" asked the General's spouse.

"No... Buckle... No that's not it. I forgot!"

"Why the hell did you have to crawl in here with your advice if you forgot his last name?" the General exploded. "Get out!"

— Ерунда́! Шарлата́нство!

— А вы попыта́йте, ва́ше превосходи́тельство. До во́дки о́чень охо́тник, живёт не с жено́й, а с не́мкой, руга́тель, но, мо́жно сказа́ть, чудоде́йственный господи́н!

— Пошли́, Алёша! — взмоли́лась генера́льша. — Ты вот не ве́ришь в за́говоры, а я на себе́ испыта́ла. Хотя́ ты и не ве́ришь, но отчего́ не посла́ть? Ру́ки ведь не отва́лятся от э́того.

— Ну, ла́дно, — согласи́лся Булде́ев. — Тут не то́лько что к акци́зному, но и к чёрту депе́шу пошлёшь... Ох! Мо́чи нет! Ну, где твой акци́зный живёт? Как к нему́ писа́ть?

Генера́л сел за стол и взял перо́ в ру́ки.

— Его́ в Сара́тове ка́ждая соба́ка зна́ет, — сказа́л прика́зчик. — Изво́льте писа́ть, ва́ше превосходи́тельство, в го́род Сара́тов, ста́ло быть... Его́ благоро́дию господи́ну Я́кову Васи́льичу... Васи́льичу...

— Ну?

— Васи́льичу... Я́кову Васи́льичу... а по фами́лии... А фами́лию вот и забы́л!.. Васи́льичу... Чёрт... Как же его́ фами́лия? Да́веча, как сюда́ шёл, по́мнил... Позво́льте-с...

Ива́н Евсе́ич по́днял глаза́ к потолку́ и зашевели́л губа́ми. Булде́ев и генера́льша ожида́ли нетерпели́во.

— Ну, что же? Скоре́й ду́май!

— Сейча́с... Васи́льичу... Я́кову Васи́льичу... Забы́л! Така́я ещё проста́я фами́лия... сло́вно как бы лошади́ная... Кобы́лин? Нет, не Кобы́лин. Посто́йте... Жеребцо́в не́што? Нет, и не Жеребцо́в. По́мню, фами́лия лошади́ная, а кака́я — из головы́ вы́шибло...

— Жеребя́тников?

— Ника́к нет. Посто́йте... Кобыли́цын... Кобыля́тников... Кобелёв...

— Это уж соба́чья, а не лошади́ная. Жеребчико́в?

— Нет, и не Жере́бчиков... Лошади́нин... Лошако́в... Жере́бкин... Всё не то!

— Ну, так как же я бу́ду ему́ писа́ть? Ты поду́май!

— Сейча́с. Лоша́дкин... Кобы́лкин... Коренно́й...

— Коре́нников? — спроси́ла генера́льша.

— Ника́к нет. Пристя́жкин... Нет, не то! Забы́л!

— Так заче́м же, чёрт тебя́ возьми́, с сове́тами ле́зешь, е́жели забы́л? — рассерди́лся генера́л. — Ступа́й отсю́да вон!

Ivan Yevseich slowly left, and the General grabbed his cheek and wandered from room to room.

"Oh Lord, he howled. Oh Mother! Oh, such blinding pain!"

The steward went out into the garden and, with eyes raised to the sky, tried to remember the tax collector's last name.

"Stalchikov... Stalkovsky... Stalenko... No that's not it! Horsadinsky... Horsadevich... Stalkovich...Mariyansky..."

After a while he was summoned to his master's.

"Did you remember?" the General asked.

"No, your Excellency."

"Maybe it's Charger? Horsadnikov? No?"

In the main house they tried to outdo one another and began inventing names. They tried all ages, genders, and breeds of horse, remembered tools, hooves, gear... In the house, in the garden, in the living room and kitchen, people went from corner to corner scratching their foreheads and searching for the name...

Time and again the steward was summoned.

"Herd?," they would ask. "Hoofin? Stalkovsky?"

"No," Ivan Yevseich would answer, raising his eyes and continuing to think aloud. "Chargeko... Chargenko... Stalbeyev... Marybeyev..."

"Papa!" came a shout from the nursery. "Troykin, Bridlechkin!"

The entire estate was in an uproar. The impatient, tortured General promised five rubles to the person who could remember the real name, and crowds began to trail behind Ivan Yevseich.

"Chestnut!," someone would call out. "Speedy! Horsaditsky!"

But evening came and the name had not been found. Thus, they went to bed without sending a telegram.

The General did not sleep the whole night, walking from corner to corner and moaning. At three in the morning he went out and knocked on the steward's door.

"It's not Gelding?," he asked with a weepy voice.

"No, not Gelding your Excellency," Ivan Yevseich answered and sighed with guilt.

"Well, maybe the name isn't horsey, but something else!"

Ива́н Евсе́ич ме́дленно вы́шел, а генера́л схвати́л себя́ за щёку и заходи́л по ко́мнатам.

— Ой, ба́тюшки! — вопи́л он. — Ой, ма́тушки! Ох, све́та бе́лого не ви́жу!

Прика́зчик вы́шел в сад и, подня́в к не́бу глаза́, стал припомина́ть фами́лию акци́зного:

— Жере́бчиков... Жеребко́вский... Жеребе́нко... Нет, не то! Лошади́нский... Лошаде́вич... Жеребко́вич... Кобыля́нский...

Немно́го погодя́ его́ позва́ли к господа́м.

— Вспо́мнил? — спроси́л генера́л.

— Ника́к нет, ва́ше превосходи́тельство.

— Мо́жет быть, Коня́вский? Лоша́дников? Нет?

И в до́ме, все напереры́в, ста́ли изобрета́ть фами́лии. Перебра́ли все во́зрасты, по́лы и поро́ды лошаде́й, вспо́мнили гри́ву, копы́та, сбру́ю... В до́ме, в саду́, в людско́й и ку́хне лю́ди ходи́ли из угла́ в у́гол и, почёсывая лбы, иска́ли фами́лию...

Прика́зчика то и де́ло тре́бовали в дом.

— Табуно́в? — спра́шивали у него́. — Копы́тин? Жеребо́вский?

— Ника́к нет, — отвеча́л Ива́н Евсе́ич и, подня́в вверх глаза́, продолжа́л ду́мать вслух. — Коне́нко... Конче́нко... Жеребе́ев... Кобыле́ев...

— Па́па! — крича́ли из де́тской. — Тро́йкин! Узде́чкин!

Взбудора́жилась вся уса́дьба. Нетерпели́вый, заму́ченный генера́л пообеща́л дать пять рубле́й тому́, кто вспо́мнит настоя́щую фами́лию, и за Ива́ном Евсе́ичем ста́ли ходи́ть це́лыми то́лпами...

— Гнедо́в! — говори́ли ему́. — Рыси́стый! Лошади́цкий!

Но наступи́л ве́чер, а фами́лия всё ещё не была́ на́йдена. Так и спать легли́, не посла́в телегра́ммы.

Генера́л не спал всю ночь, ходи́л из угла́ в у́гол и стона́л... В тре́тьем часу́ утра́ он вы́шел и́з дому и постуча́лся в окно́ к прика́зчику.

— Не Ме́ринов ли? — спроси́л он пла́чущим го́лосом.

— Нет, не Ме́ринов, ва́ше превосходи́тельство, — отве́тил Ива́н Евсе́ич и винова́то вздохну́л.

— Да мо́жет быть, фами́лия не лошади́ная, а кака́я-нибудь друга́я!

"Truly, your Excellency, it's horsey. I remember that quite well."

"You, brother, have no memory. For me, this name, it would seem, is now more valuable than anything on earth. I've had enough!"

In the morning, the General sent again for the dentist.

"Go ahead and pull it!" he decided. " I don't have the strength to put up with it any longer..."

The dentist came and pulled the bad tooth. The pain subsided immediately and the General calmed down. Having done his business and received what was expected for his labor, the dentist got into his carriage and set off for home. Near the front gate, in the field, he saw Ivan Yevseich. The steward stood at the edge of the road looking at the ground beneath his feet and thinking about something. Judging by the wrinkles furrowing his brow and the expression in his eyes, his thoughts were tense, painful...

"Dun... Strap...," he mumbled. "Stirrup... Horshadsky..."

"Ivan Yevseich!," the doctor said to him. "Could I, my good man, buy some oats from you? My villagers sell me oats, and they're horrible..."

Ivan Yevseich looked dully at the dentist, smiled somehow strangely, and without a word in reply clasped his hands, and ran so quickly to the main house it was as if he was being chased by a rabid dog.

"I've got it, your Excellency!" he shouted joyfully, in an unnaturally loud voice, bursting into the General's office. "I've got it, thanks to the dentist, may the Lord grant him health! Oates! Oates is the tax collector's name! Oates, your Excellency! Send the telegram to Oates!"

"Take this," said the General, with contempt and with both hands made the same rude gesture in the steward's face. I don't need your horsey name any more. "Take this!"

First published in Russian: 1885
Translation by Brendan Kiernan

— Истинно сло́во, ва́ше превосходи́тельство, лошади́ная... Это о́чень да́же отли́чно по́мню.

— Экий ты како́й, бра́тец, беспа́мятный... Для меня́ тепе́рь э́та фами́лия доро́же, ка́жется, всего́ на све́те. Заму́чился!

Утром генера́л опя́ть посла́л за до́ктором.

— Пуска́й рвёт! — реши́л он. — Нет бо́льше сил терпе́ть...

Прие́хал до́ктор и вы́рвал больно́й зуб. Боль ути́хла то́тчас же, и генера́л успоко́ился. Сде́лав своё де́ло и получи́в, что сле́дует, за труд, до́ктор сел в свою́ бри́чку и пое́хал домо́й. За воро́тами в по́ле он встре́тил Ива́на Евсе́ича... Прика́зчик стоя́л на краю́ доро́ги и, гля́дя сосредото́ченно себе́ по́д ноги, о чём-то ду́мал. Су́дя по морщи́нам, борозди́вшим его́ лоб, и по выраже́нию глаз, ду́мы его́ бы́ли напряжённы, мучи́тельны...

— Була́нов... Чёресседе́льников... — бормота́л он. — Засупо́нин... Лоша́дский...

— Ива́н Евсе́ич! — обрати́лся к нему́ до́ктор. — Не могу́ ли я, голу́бчик, купи́ть у вас четверте́й пять овса́? Мне продаю́т на́ши мужички́ овёс, да уж бо́льно плохо́й...

Ива́н Евсе́ич ту́по погляде́л на до́ктора, как-то ди́ко улыбну́лся и, не сказа́в в отве́т ни одного́ сло́ва, всплесну́в рука́ми, побежа́л к уса́дьбе с тако́й быстрото́й, то́чно за ним гнала́сь бе́шеная соба́ка.

— Наду́мал, ва́ше превосходи́тельство! — закрича́л он ра́достно, не свои́м го́лосом, влета́я в кабине́т к генера́лу. — Наду́мал, дай бог здоро́вья до́ктору! Овсо́в! Овсо́в фами́лия акци́зного! Овсо́в, ва́ше превосходи́тельство! Посыла́йте депе́шу Овсо́ву!

— На́-кося! — сказа́л генера́л с презре́нием и поднёс к лицу́ его́ два ку́киша. — Не ну́жно мне тепе́рь твое́й лошади́ной фами́лии! На́-кося!

1885

A Foolish Frenchman

Anton Chekhov

One day, Henri Pourquoi, a clown from the Ginz Brothers Circus, stopped into Testov's restaurant for breakfast.

"One consommé, please!" he asked the waiter.

"With or without poached egg?"

"Without. It would be too rich with the egg. Give me two or three croutons, though."

As he waited for his consommé, Pourquoi amused himself by looking around. The first thing that caught his attention was a fine-looking, rather corpulent gentleman at the next table about to tackle a plate of bliny.

"My, they serve large portions in Russian restaurants!" thought the Frenchman, as he watched his neighbor pouring hot butter over his bliny. "Five bliny! Is it possible for one man to consume so much dough by himself?"

While he was thinking this, his neighbor spread caviar on his bliny, cut each one in half and devoured the lot, all in the space of less than five minutes.

"Waiter!" he called, "Bring me another order! What kind of a portion is this? This time bring me ten or fifteen bliny! And bring me some smoked fish — salmon or sturgeon, or something of that sort!"

"How bizarre," thought Pourquoi, as he looked his neighbor up and down. "He's already put away five slabs of dough and yet he has ordered

Глу́пый францу́з
Анто́н Че́хов

Кло́ун из ци́рка бра́тьев Гинц, Генри́ Пуркуа́, зашёл в моско́вский тракти́р Те́стова поза́втракать.

— Да́йте мне консоме́! — приказа́л он полово́му.

— Прика́жете с пашо́том и́ли без пашо́та?

— Нет, с пашо́том сли́шком сы́тно… Две-три гре́нки, пожа́луй, да́йте…

В ожида́нии, пока́ подаду́т консоме́, Пуркуа́ за́нялся наблюде́нием. Пе́рвое, что бро́силось ему́ в глаза́, был како́й-то по́лный благообра́зный господи́н, сиде́вший за сосе́дним столо́м и приготовля́вшийся есть блины́.

«Как, одна́ко, мно́го подаю́т в ру́сских рестора́нах! — поду́мал францу́з, гля́дя, как сосе́д полива́ет свои́ блины́ горя́чим ма́слом. — Пять блино́в! Ра́зве оди́н челове́к мо́жет съесть так мно́го те́ста?»

Сосе́д ме́жду тем пома́зал блины́ икро́й, разре́зал все их на полови́нки и проглоти́л скоре́е, чем в пять мину́т…

— Челаэ́к! — оберну́лся он к полово́му. — Пода́й ещё по́рцию! Да что у вас за по́рции таки́е? Пода́й сра́зу штук де́сять и́ли пятна́дцать! Дай балыка́.. сёмги, что ли?

«Стра́нно… — поду́мал Пуркуа́, рассма́тривая сосе́да. — Съел пять куско́в те́ста и ещё про́сит! Впро́чем, таки́е феноме́ны не

more! Oh well, I guess such phenomena are not all that rare ... There was my Uncle François from Brittany who would eat two bowls of soup and five mutton cutlets on a bet... I've heard too that there certain medical conditions that cause the victims to overeat."

The waiter put a mountainous heap of bliny and two plates of smoked fish in front of his neighbor. The fine-looking gentleman drank a glass of vodka, washed it down with salmon, and started on his bliny. To Pourquoi's astonishment, he gobbled them right down, hardly bothering to chew, as if he were starving...

"Clearly he isn't thinking straight," thought the Frenchman. "Could he really imagine that he can eat that enormous pile? He won't even manage three of them before he can eat no more, but he'll still have to pay for the whole mountain!"

"More caviar!" shouted his neighbor, wiping his greasy lips with his napkin. "And don't forget the green onions!"

"Good heavens, he's gotten through half of it!" thought the clown in horror. "*Mon dieu*, could all that fish have disappeared? This is beyond what is natural... Can the human stomach really be so elastic? Unbelievable! However elastic his stomach may be, how could it possibly expand beyond the size of the cavity that houses it? If this gentleman lived in France, they could put him on display; people would pay to watch him eat... Goodness me, he's finished the lot!"

"Oh and bring me a bottle of Nuit," said his neighbor to the waiter, who had just brought him the caviar and onions. "But warm it up a bit first.... What else? Well, I guess one more order of bliny... And be quick about it..."

"Yes, sir... And for after the bliny?"

"Something rather light, I think... Bring me some sturgeon *solyanka a la russe* and... and... I guess that's all for now, I'll think what else to bring later!"

"Perhaps, all this is just a dream?" the astounded clown said to himself, leaning back in his chair. "Or perhaps this fellow is trying to do away with himself! He must know that it is not possible to eat so much and come away alive! Yes, that surely must be it: he wants to die. The melancholy look on his face proves it. But doesn't the waiter see how suspicious it is that he is eating so much? Surely he must!"

Pourquoi summoned the gentleman's waiter and asked in a whisper:

"See here, why are you permitting him to eat so much?"

составляют редкости... У меня у самого в Бретани был дядя Франсуа, который на пари съедал две тарелки супу и пять бараньих котлет... Говорят, что есть также болезни, когда много едят...»

Половой поставил перед соседом гору блинов и две тарелки с балыком и сёмгой. Благообразный господин выпил рюмку водки, закусил сёмгой и принялся за блины. К великому удивлению Пуркуа, ел он их спеша, едва разжёвывая, как голодный...

«Очевидно, болен... — подумал француз. — И неужели он, чудак, воображает, что съест всю эту гору? Не съест и трёх кусков, как желудок его будет уже полон, а ведь придётся платить за всю гору!»

— Дай ещё икры! — крикнул сосед, утирая салфеткой масляные губы. — Не забудь зелёного луку!

«Но... однако, уж половины горы нет! — ужаснулся клоун. — Боже мой, он и всю сёмгу съел? Это даже неестественно... Неужели человеческий желудок так растяжим? Не может быть! Как бы ни был растяжим желудок, но он не может растянуться за пределы живота... Будь этот господин у нас во Франции, его показывали бы за деньги... Боже, уже нет горы!»

— Подашь бутылку Нюи... — сказал сосед, принимая от полового икру и лук. — Только погрей сначала... Что ещё? Пожалуй, дай ещё порцию блинов... Поскорей только...

— Слушаю... А на после блинов что прикажете?

— Что-нибудь полегче... Закажи порцию селянки из осетрины по-русски и... и... Я подумаю, ступай!

«Может быть, это мне снится? — изумился клоун, откидываясь на спинку стула. — Этот человек хочет умереть! Нельзя безнаказанно съесть такую массу! Да, да, он хочет умереть. Это видно по его грустному лицу. И неужели прислуге не кажется подозрительным, что он так много ест? Не может быть!»

Пуркуа подозвал к себе полового, который служил у соседнего стола, и спросил шёпотом:

— Послушайте, зачем вы так много ему подаёте?

"Er... well... he keeps ordering, sir! What can I do; how am I to refuse?" said the waiter in surprise.

"But he could sit here till evening and keep ordering more and more! If you yourself don't dare to refuse him, then get the maitre d'hotel or call the police!"

The waiter merely smirked, shrugged his shoulders and walked away.

"Savages!" fumed the Frenchman under his breath. "They're actually pleased to have a madman eating himself to death, since he is spending his rubles in their restaurant! What do they care if he dies, as long as they make a profit on him!"

"Well I must say, I don't think much of the service here!" grumbled the neighbor to the Frenchman. "These long intermissions really get on my nerves! They make you wait a half an hour between courses! It ruins your appetite and you run out of time... Why, it's already three o'clock, and I have to be at a birthday dinner at five."

"*Pardon, monsieur,*" said Pourquoi, turning pale, "but, you are already having your dinner."

"What? You call this dinner? This is breakfast... bliny...pancakes."

At this point the waiter brought the gentleman a tureen of *solyanka.*[21] He poured himself a full bowl, added cayenne pepper and began to gulp it down...

"Oh, the poor fellow..." said the Frenchman, in renewed horror. "Either he's sick and deluded and doesn't realize the danger he's in, or else he's doing it intentionally ... in order to kill himself... *Mon dieu,* if I had known I would have to witness this, I would never have come in here! My nerves can't stand this kind of strain!"

And the Frenchman gazed pityingly at the face of his neighbor, at each moment expecting to see him fall down in a fit. After all, this was what always happened to Uncle François after he had won one of his dangerous bets...

"He's evidently a respectable, educated man, he's young and looks healthy..." he thought as he gazed. "Perhaps he does work that is of real of use to his country... and it is quite possible he has a young wife and children... Judging by his clothes, he must be well-to-do, fortunate fellow... what ever could have made him decide on such a terrible course?.. Even if he wanted to die, couldn't he have thought of a better way to do it? *Mon*

— То есть, э... э... они́ тре́буют-с! Как же не подава́ть-с? — удиви́лся половой.

— Стра́нно, но ведь он таки́м о́бразом мо́жет до ве́чера сиде́ть здесь и тре́бовать! Если у вас у сами́х не хвата́ет сме́лости отка́зывать ему́, то доложи́те метрд'оте́лю, пригласи́те поли́цию!

Половой ухмыльну́лся, пожа́л плеча́ми и отошёл.

«Дикари́! — возмути́лся про себя́ францу́з. — Они́ ещё ра́ды, что за столо́м сиди́т сумасше́дший, самоуби́йца, кото́рый мо́жет съесть на ли́шний рубль! Ничего́, что умрёт челове́к, была́ бы то́лько вы́ручка!»

— Поря́дки, не́чего сказа́ть! — проворча́л сосе́д, обраща́ясь к францу́зу. — Меня́ ужа́сно раздража́ют э́ти дли́нные антра́кты! От по́рции до по́рции изво́ль ждать полчаса́! Этак и аппети́т пропадёт к чёрту, и опозда́ешь... Сейча́с три часа́, а мне к пяти́ на́до быть на юбиле́йном обе́де.

— Pardon, monsieur, — побледне́л Пуркуа́, — ведь вы уж обе́даете!

— Не-ет... Како́й же э́то обе́д? Это за́втрак... блины́...

Тут сосе́ду принесли́ селя́нку. Он нали́л себе́ по́лную таре́лку, поперчи́л кайе́нским пе́рцем и стал хлеба́ть...

«Бедня́га... — продолжа́л ужаса́ться францу́з. — Или он бо́лен и не замеча́ет своего́ опа́сного состоя́ния, и́ли же он де́лает всё э́то наро́чно... с це́лью самоуби́йства... Бо́же мой, знай я, что наткну́сь здесь на таку́ю карти́ну, то ни за что бы не пришёл сюда́! Мои́ не́рвы не выно́сят таки́х сцен!»

И францу́з с сожале́нием стал рассма́тривать лицо́ сосе́да, ка́ждую мину́ту ожида́я, что вот-вот начну́тся с ним су́дороги, каки́е всегда́ быва́ли у дя́ди Франсуа́ по́сле опа́сного пари́...

«По-ви́димому, челове́к интеллиге́нтный, молодо́й... по́лный сил... — ду́мал он, гля́дя на сосе́да. — Быть мо́жет, прино́сит по́льзу своему́ оте́честву... и весьма́ возмо́жно, что име́ет молоду́ю жену́, дете́й... Су́дя по оде́жде, он до́лжен быть бога́т; дово́лен... но что же заставля́ет его́ реша́ться на тако́й шаг?.. И неуже́ли он не мог избра́ть друго́го спо́соба, чтобы умере́ть? Чёрт зна́ет как дёшево це́нится жизнь! И как ни́зок,

dieu, how little some people value human life! And how base and inhumane am I that I am just sitting here without attempting to rescue him! Perhaps he can still be saved!"

Decisively Pourquoi got up and approached his neighbor.

"Listen, *monsieur,*" he said in a quiet, intimate voice. "Although I have not had the honor of having made your acquaintance, please believe me, I wish you well... Is there no way I can help you? Remember, you are still young... think of your wife and children.."

"What in the word are you talking about?" exclaimed his neighbor, shaking his head and gaping at the Frenchman.

"Oh, why try to dissemble, *monsieur*? I am not blind and I have been watching you. You have been eating such a great deal that... it's hard not to suspect..."

"Me? eating a great deal?" exclaimed his neighbor in surprise. "Me?! Why shouldn't I eat, when I haven't had a bite since morning?"

"But you're eating an enormous amount!"

"Well, you're not paying for it! What do you have to be worried about? And anyway, I don't eat more than anyone else! Why, just look around you at what everyone else is having!"

Pourquoi did look around and was appalled. The waiters were rushing around, pushing and bumping into each other in their haste to serve mountains of bliny... The customers at the tables were eating huge heaps of bliny, salmon and caviar... just as recklessly and with as much appetite as the fine-looking gentleman.

"Oh land of marvels!" thought Pourquoi as he left the restaurant. "It is not just the climate that is a wonder; the people's stomachs work miracles as well! Oh, what a wonderful, magical country!"

First published in Russian: 1886
Translation by Lydia Razran-Stone

бесчелове́чен я, си́дя здесь и не идя́ к нему́ на по́мощь! Быть мо́жет, его́ ещё мо́жно спасти́!»

Пуркуа́ реши́тельно встал из-за стола́ и подошёл к сосе́ду.

— Послу́шайте, monsieur, — обрати́лся он к нему́ ти́хим, вкра́дчивым го́лосом. — Я не име́ю че́сти быть знако́м с ва́ми, но, тем не ме́нее, ве́рьте, я друг ваш... Не могу́ ли я вам помо́чь чем-нибудь? Вспо́мните, вы ещё мо́лоды... у вас жена́, де́ти...

— Я вас не понима́ю! — замота́л голово́й сосе́д, тара́ща на францу́за глаза́.

— Ах, заче́м скры́тничать, monsieur? Ведь я отли́чно ви́жу! Вы так мно́го еди́те, что... тру́дно не подозрева́ть...

— Я мно́го ем?! — удиви́лся сосе́д. — Я?! По́лноте... Как же мне не есть, е́сли я с са́мого утра́ ничего́ не ел?

— Но вы ужа́сно мно́го еди́те!

— Да ведь не вам плати́ть! Что вы беспоко́итесь? И во́все я не мно́го ем! Погляди́те, ем, как все!

Пуркуа́ погляде́л вокру́г себя́ и ужасну́лся. Половы́е, толка́ясь и налета́я друг на дру́га, носи́ли це́лые го́ры блино́в... За стола́ми сиде́ли лю́ди и поеда́ли го́ры блино́в, сёмгу, икру́... с таки́м же аппети́том и бесстра́шием, как и благообра́зный господи́н.

«О, страна́ чуде́с! — ду́мал Пуркуа́, выходя́ из рестора́на. — Не то́лько кли́мат, но да́же желу́дки де́лают у них чудеса́! О страна́, чу́дная страна́!»

1886

Chekhov said that this was his favorite of all the short
stories he ever wrote.

The Student
Anton Chekhov

At first the weather had been fine and still. The thrushes were calling,
and in the nearby marsh something was droning mournfully, a sound like
someone blowing into an empty bottle. A single snipe had flown by over-
head, and the shot he aimed at it had resounded cheerfully in the spring air.
However, when the forest began to grow dark, an unseasonably cold and
penetrating wind starting blowing from the East and everything sank into
silence. There were needles of ice in the puddles and the forest began to feel
unwelcoming, desolate and lonely. It smelled of winter.

Ivan Velikopolsky, a student at the theological academy, and the son of
a deacon, returning home from a snipe shoot, had to walk the whole way
on a path through the flooded meadows. His fingers had gone numb, and
his face burned from the wind. It seemed to him that this cold that had suddenly arisen had destroyed order and harmony everywhere, causing nature
herself to feel uneasy, hastening the fall of darkness. Everything around
him was desolate and particularly gloomy. The only light was a fire glowing
in the widows' gardens near the river. When he looked toward his village,
more than three miles away, the view on all sides was submerged in cold
evening mist. The student remembered that, when he had left his house,
his mother was sitting barefoot on the floor in the entryway, cleaning the
samovar, while his father lay on the stove coughing. As it was Good Friday,
nothing had been cooked, and the student was painfully hungry. And now,
trembling from the cold, he was thinking that just such a wind had blown
in the days of Rurik, Ivan the Terrible, and Peter the Great, and that, during those times there had existed this same desperate poverty and hunger,

Студе́нт
Анто́н Че́хов

Пого́да внача́ле была́ хоро́шая, ти́хая. Крича́ли дрозды́, и по сосе́дству в боло́тах что-то живо́е жа́лобно гуде́ло, то́чно ду́ло в пусту́ю буты́лку. Протяну́л оди́н вальдшне́п, и вы́стрел по нём прозвуча́л в весе́ннем во́здухе раска́тисто и ве́село. Но когда́ стемне́ло в лесу́, некста́ти поду́л с восто́ка холо́дный прони́зывающий ве́тер, всё смо́лкло. По лу́жам протяну́лись ледяны́е и́глы, и ста́ло в лесу́ неую́тно, глу́хо и нелюди́мо. Запа́хло зимо́й.

Ива́н Великопо́льский, студе́нт духо́вной акаде́мии, сын дьячка́, возвраща́ясь с тя́ги домо́й, шёл всё вре́мя заливны́м лу́гом по тропи́нке. У него́ закочене́ли па́льцы, и разгоре́лось от ве́тра лицо́. Ему́ каза́лось, что э́тот внеза́пно наступи́вший хо́лод нару́шил во всём поря́док и согла́сие, что само́й приро́де жу́тко, и оттого́ вече́рние потёмки сгусти́лись быстре́й, чем на́до. Круго́м бы́ло пусты́нно и как-то осо́бенно мра́чно. То́лько на вдо́вьих огоро́дах о́коло реки́ свети́лся ого́нь; далеко́ же круго́м и там, где была́ дере́вня, версты́ за четы́ре, всё сплошь утопа́ло в холо́дной вече́рней мгле. Студе́нт вспо́мнил, что, когда́ он уходи́л из до́му, его́ мать, си́дя в се́нях на полу́, боса́я, чи́стила самова́р, а оте́ц лежа́л на печи́ и ка́шлял; по слу́чаю страстно́й пя́тницы до́ма ничего́ не вари́ли, и мучи́тельно хоте́лось есть. И тепе́рь, пожима́ясь от хо́лода, студе́нт ду́мал о том, что то́чно тако́й же ве́тер дул и при Рю́рике, и при Иоа́нне Гро́зном, и при Петре́, и что при них была́ то́чно така́я же лю́тая бе́дность,

these same thatched roofs with holes in them, this same ignorance and misery; there was the same desolation all around, the same darkness, the same feeling of oppression — all these horrors had long existed, exist in the present, and would exist in the future, and the passage of a thousand years would not make life any better. And he did not feel like returning home.

The small vegetable farm nearby was referred to as the widows' gardens because it was run by two widows, mother and daughter. Their camp-fire was burning brightly with a crackling sound, throwing light out onto the ploughed earth for a good distance around it. The widow Vasilisa, a tall, stout old woman in a man's coat, was standing close by and look-ing thoughtfully into the fire; her daughter, Lukerya, a little pockmarked woman with a rather stupid-looking face, was sitting on the ground, wash-ing a cauldron and some spoons. Apparently they had just finished their supper. You could hear men's voices; the farm workers were watering their horses at the river.

"Well, here's winter come back again," said the student, approaching the campfire, "Good evening!"

Vasilisa started, but recognized him after a moment and smiled cordially.

"I didn't recognize you. Well, never mind," she said, "that's a good omen—means you'll come into some money."

They chatted. Vasilisa, a woman who had seen a bit of the wider world, having been in service with the gentry, first as a wet-nurse, and later as a nanny, expressed herself with some refinement, a gentle, sedate smile never leaving her face; her daughter Lukerya, a common peasant woman, who had regularly been beaten by her husband, simply squinted at the stu-dent and said nothing. She had a strange expression on her face, like that of a deaf-mute.

"It was on a cold night just like this that the Apostle Peter warmed him-self at a fire," said the student, stretching out his hands toward the flames, "so I guess it must have been cold then, too. Ah, what a terrible night it must have been, granny! An utterly desolate long night!"

He looked round at the darkness, shook his head abruptly and asked:

"I suppose you've heard readings of the Gospels in church?"

"Yes, I have," answered Vasilisa.

"If you remember, at the Last Supper Peter said to Jesus, 'I am ready to go with Thee into darkness and unto death.' And our Lord answered

голод, такие же дырявые соломенные крыши, невежество, тоска, такая же пустыня кругом, мрак, чувство гнёта, — все эти ужасы были, есть и будут, и оттого, что пройдёт ещё тысяча лет, жизнь не станет лучше. И ему не хотелось домой.

Огороды назывались вдовьими потому, что их содержали две вдовы, мать и дочь. Костёр горел жарко, с треском, освещая далеко кругом вспаханную землю. Вдова Василиса, высокая, пухлая старуха в мужском полушубке, стояла возле и в раздумье глядела на огонь; её дочь Лукерья, маленькая, рябая, с глуповатым лицом, сидела на земле и мыла котёл и ложки. Очевидно, только что отужинали. Слышались мужские голоса; это здешние работники на реке поили лошадей.

— Вот вам и зима пришла назад, — сказал студент, подходя к костру. — Здравствуйте!

Василиса вздрогнула, но тотчас же узнала его и улыбнулась приветливо.

— Не узнала, бог с тобой, — сказала она. — Богатым быть.

Поговорили. Василиса, женщина бывалая, служившая когда-то у господ в мамках, а потом няньках, выражалась деликатно, и с лица её всё время не сходила мягкая, степенная улыбка; дочь же её Лукерья, деревенская баба, забитая мужем, только щурилась на студента и молчала, и выражение у неё было странное, как у глухонемой.

— Точно так же в холодную ночь грелся у костра апостол Пётр, — сказал студент, протягивая к огню руки. — Значит, и тогда было холодно. Ах, какая то была страшная ночь, бабушка! До чрезвычайности унылая, длинная ночь!

Он посмотрел кругом на потёмки, судорожно встряхнул головой и спросил:

— Небось, была на двенадцати евангелиях?

— Была, — ответила Василиса.

— Если помнишь, во время тайной вечери Пётр сказал Иисусу: «С тобою я готов и в темницу, и на смерть». А господь ему на это: «Говорю тебе, Пётр, не пропоёт сегодня петел, то есть

him thus: 'I say unto thee, Peter, before the cock croweth thou wilt have denied Me thrice.' After the supper ritual, Jesus went into the garden, feeling sorrowful unto death and prayed, while poor Peter was weary in spirit and faint, his eyelids were heavy and he could not keep from falling asleep. Then you heard how Judas on that same night kissed Jesus and betrayed Him to His tormentors. They took Him bound to the high priest and beat Him, while Peter, exhausted, worn out with misery and anxiety, still half asleep, and, you know, feeling that something terrible was about to happen on the earth, followed after them... He loved Jesus passionately, intensely, and now he had to watch from afar as He was beaten..."

Lukerya put down her spoons, her eyes fixed on the student.

"They brought him to the high priest's," he continued; "they began to question Jesus, meanwhile some laborers had made a fire in the yard to warm themselves, as it was cold, Peter stood with them at the fire and warmed himself as I am doing. A woman, seeing him, said: 'He also was with Jesus'—meaning that he should be taken away to be questioned, as well. And all the laborers who were standing near the fire must have looked sternly and suspiciously at him, and his mind clouded and he said: 'I do not know Him.' A while later someone else recognized him as one of Jesus' disciples and said: 'Thou, too, art one of them,' but again he denied it. And yet a third time, someone said to him: 'Why, did I not see thee in the garden with Him today?' And for the third time, Peter denied it. Just then the cock crowed, and Peter, looking at Jesus from afar, remembered the words He had said to him at the supper... When he remembered, he came to himself, and left the yard and wept bitterly — so bitterly. In the Gospel it is written: 'He went out and wept bitterly.' I can imagine the scene: the very still, very dark garden; through the stillness, you could just make out the muffled sound of sobbing..."

The student sighed and went into a reverie. Although she continued to smile, Vasilisa suddenly began to sniffle, and tears, large abundant tears, rolled down her cheeks, and she screened her face from the fire with her sleeve as though ashamed to be weeping. Lukerya continued to gaze fixedly at the student. She flushed, and her expression became strained and heavy like that of someone experiencing intense pain.

The workers came back from the river, and one of them, on horseback, had already drawn near so that the firelight flickered over him. The student

петух, как ты трижды отречёшься, что не знаешь меня». После вечери Иисус смертельно тосковал в саду и молился, а бедный Пётр истомился душой, ослабел, веки у него отяжелели, и он никак не мог побороть сна. Спал. Потом, ты слышала, Иуда в ту же ночь поцеловал Иисуса и предал его мучителям. Его связанного вели к первосвященнику и били, а Пётр, изнеможённый, замученный тоской и тревогой, понимаешь ли, не выспавшийся, предчувствуя, что вот-вот на земле произойдёт что-то ужасное, шёл вслед... Он страстно, без памяти любил Иисуса, и теперь видел издали, как его били...

Лукерья оставила ложки и устремила неподвижный взгляд на студента.

— Пришли к первосвященнику, — продолжал он, — Иисуса стали допрашивать, а работники тем временем развели среди двора огонь, потому что было холодно, и грелись. С ними около костра стоял Пётр и тоже грелся, как вот я теперь. Одна женщина, увидев его, сказала: «И этот был с Иисусом», то есть, что и его, мол, нужно вести к допросу. И все работники, что находились около огня, должно быть, подозрительно и сурово поглядели на него, потому что он смутился и сказал: «Я не знаю его». Немного погодя опять кто-то узнал в нём одного из учеников Иисуса и сказал: «И ты из них». Но он опять отрёкся. И в третий раз кто-то обратился к нему: «Да не тебя ли сегодня я видел с ним в саду?» Он третий раз отрёкся. И после этого раза тотчас же запел петух, и Пётр, взглянув издали на Иисуса, вспомнил слова, которые он сказал ему на вечери... Вспомнил, очнулся, пошёл со двора и горько-горько заплакал. В евангелии сказано: «И исшед вон, плакася горько». Воображаю: тихий-тихий, тёмный-тёмный сад, и в тишине едва слышатся глухие рыдания...

Студент вздохнул и задумался. Продолжая улыбаться, Василиса вдруг всхлипнула, слёзы, крупные, изобильные, потекли у неё по щекам, и она заслонила рукавом лицо от огня, как бы стыдясь своих слёз, а Лукерья, глядя неподвижно на студента, покраснела, и выражение у неё стало тяжёлым, напряжённым, как у человека, который сдерживает сильную боль.

Работники возвращались с реки, и один из них верхом на лошади

wished the widows good-night and continued on. And again it was dark and again his fingers grew numb. A cruel wind was blowing. Winter truly had returned and it did not feel at all as though it would be Easter the day after tomorrow.

But now the student was thinking about Vasilisa: if she had wept at the story of Peter's suffering on that terrible night before the Crucifixion, she must feel that those events had some direct connection to her . . .

He glanced around. That lone fire was still winking in the darkness, but he could no longer see the people near it. Again the student thought that, since Vasilisa had wept, and even her daughter had been affected, clearly what he had just been telling them about, events that had happened nineteen centuries ago, had a direct connection to the present — to both women, to the desolate village, to himself, to everyone in the world. The old woman had wept, not because he was skilled at telling stories in a touching manner, but because Peter was close to her, because, with her whole being, she cared about what was happening in Peter's soul.

And suddenly his own soul was flooded with joy, and he even had to stop for a moment to get his breath. "The past," he thought, "is tied to the present by an unbroken chain of events, each one flowing into the next." And it seemed to him that he had just seen both ends of that chain; and that, when he had touched one end, the other had quivered.

As he crossed the river on the ferry and then as he climbed the hill, he gazed at his village and at the narrow streak of cold crimson light in the sky to the west, he was thinking that the truth and beauty that had guided human life there in the garden of Gethsemane and in the high priest's yard had continued without interruption to this day, and had evidently always been what was most important in human life and in all earthly life. A feeling of youth, health, vigor — he was only twenty-two — and an indescribably sweet expectation of happiness, of unknown mysterious happiness, took possession of him little by little, and life seemed to him enchanting, miraculous, and full of lofty meaning.

First published in Russian: 1894
Retranslation by Lydia Razran-Stone,
based on the Constance Garnett translation.

был уже́ бли́зко, и свет от костра́ дрожа́л на нём. Студе́нт пожела́л вдо́вам споко́йной но́чи и пошёл да́льше. И опя́ть наступи́ли потёмки, и ста́ли зя́бнуть ру́ки. Дул жесто́кий ве́тер, в са́мом де́ле возвраща́лась зима́, и не́ было похо́же, что послеза́втра Па́сха.

Тепе́рь студе́нт ду́мал о Васили́се: е́сли она́ запла́кала, то, зна́чит, всё, происходи́вшее в ту стра́шную ночь с Петро́м, име́ет к ней како́е-то отноше́ние...

Он огляну́лся. Одино́кий ого́нь споко́йно мига́л в темноте́, и во́зле него́ уже́ не́ было ви́дно люде́й. Студе́нт опя́ть поду́мал, что е́сли Васили́са запла́кала, а её дочь смути́лась, то, очеви́дно, то, о чём он то́лько что расска́зывал, что происходи́ло девятна́дцать веко́в наза́д, име́ет отноше́ние к настоя́щему — к обе́им же́нщинам и, вероя́тно, к э́той пусты́нной дере́вне, к нему́ самому́, ко всем лю́дям. Е́сли стару́ха запла́кала, то не потому́, что он уме́ет тро́гательно расска́зывать, а потому́, что Пётр ей бли́зок, и потому́, что она́ всем свои́м существо́м заинтересо́вана в том, что происходи́ло в душе́ Петра́.

И ра́дость вдруг заволнова́лась в его́ душе́, и он да́же останови́лся на мину́ту, что́бы перевести́ дух. Про́шлое, ду́мал он, свя́зано с настоя́щим непреры́вною це́пью собы́тий, вытека́вших одно́ из друго́го. И ему́ каза́лось, что он то́лько что ви́дел о́ба конца́ э́той це́пи: дотро́нулся до одного́ конца́, как дро́гнул друго́й.

А когда́ он переправля́лся на паро́ме че́рез ре́ку и пото́м, поднима́ясь на го́ру, гляде́л на свою́ родну́ю дере́вню и на за́пад, где у́зкою полосо́й свети́лась холо́дная багро́вая заря́, то ду́мал о том, что пра́вда и красота́, направля́вшие челове́ческую жизнь там, в саду́ и во дворе́ первосвяще́нника, продолжа́лись непреры́вно до сего́ дня и, по-ви́димому, всегда́ составля́ли гла́вное в челове́ческой жи́зни и вообще́ на земле́; и чу́вство мо́лодости, здоро́вья, си́лы, — ему́ бы́ло то́лько 22 го́да, — и невырази́мо сла́дкое ожида́ние сча́стья, неве́домого, таи́нственного сча́стья овладева́ли им ма́ло-пома́лу, и жизнь каза́лась ему́ восхити́тельной, чуде́сной и по́лной высо́кого смы́сла.

The playwright Treplev has a difficult relationship with his mother — the famous actress Arkadina — who is not very interested in him and scorns his work. The young actress Nina Zarechnaya is in love with the famous playwright Trigorin, who is Arkadina's lover. Treplev's love for Nina is therefore unrequited, compounding his jealousy for the successful Trigorin. Complicated relationships and the heavy weight of longing, loneliness, and insecurity in the end lead Treplev to commit suicide. Chekhov wrote this play when he was 30 and called it a comedy, but it flopped when it debuted in 1896 at St. Petersburg's Alexandrinsky Theater. It was revived two years later by the Moscow Art Theater, where Stanislavsky staged it as a sad and lyrical story about loneliness. It was a huge success and ever since has been a mainstay of Russian drama.

The Seagull (excerpt)
Anton Chekhov

Enter ARKADINA on SORIN'S arm, TRIGORIN, SHAMRAYEV, MEDVE-DENKO, and MASHA.

SHAMRAYEV. I saw her act at the Poltava Fair in 1873; she was superb, really magnificent. But tell me, what has become of Pavel Semyonich Chadin, the comic actor? He was unsurpassed as Raspluyev, even better than Sadovsky. Where is he now?

ARKADINA. You keep asking me about actors from the time of the dinosaurs? How should I know? *(Sits down)*

SHAMRAYEV. *[Sighing]* Pashka Chadin! There is nobody like him now! The theater is in a decline, Irina Nikolayevna! In the past there were great oaks, but now nothing but stumps are left.

DORN. It is true that we don't see many dazzling talents these days, but, on the other hand, the average level of acting is much higher.

SHAMRAYEV. I'm afraid I cannot agree with you. Of course, it is a matter of taste, *de gustibus…aut bene, aut nihil.*[22]

Enter TREPLEV from behind the erected stage.

ARKADINA *(to her son)*. When will the play begin, my dear?

Ча́йка (отры́вок)
Анто́н Че́хов

*Вхо́дят Арка́дина по́д руку с Со́риным, Триго́рин, Шамра́ев, Мед-
веде́нко и Ма́ша.*

Шамра́ев. В 1873 году́ в Полта́ве на я́рмарке она́ игра́ла изуми́тельно.
Оди́н восто́рг! Чу́дно игра́ла! Не изво́лите ли та́кже знать,
где тепе́рь ко́мик Ча́дин, Па́вел Семёныч? В Расплю́еве был
неподража́ем, лу́чше Садо́вского, кляну́сь вам, многоуважа́емая.
Где он тепе́рь?

Арка́дина. Вы всё спра́шиваете про каки́х-то допото́пных. Отку́да
я зна́ю! *(Сади́тся.)*

Шамра́ев *(вздохну́в).* Па́шка Ча́дин! Таки́х уж нет тепе́рь. Па́ла
сце́на, Ири́на Никола́евна! Пре́жде бы́ли могу́чие дубы́, а тепе́рь
мы ви́дим одни́ то́лько пни.

Дорн. Блестя́щих дарова́ний тепе́рь ма́ло, э́то пра́вда, но сре́дний
актёр стал гора́здо вы́ше.

Шамра́ев. Не могу́ с ва́ми согласи́ться. Впро́чем, э́то де́ло вку́са. *De
gustibus aut bene, aut nihil.*

Тре́плев выхо́дит из-за эстра́ды.

Арка́дина *(сы́ну).* Мой ми́лый сын, когда́ же нача́ло?

TREPLEV. In a minute. Please be patient.

ARKADINA. *[Quoting from Hamlet]* "My son, Thou turn'st mine eyes into my very soul; And there I see such black grained spots, As will not leave their tinct."

TREPLEV. *[Quoting from Hamlet]* "Nay, but to live. In the rank sweat of an enseamed bed. Stewed in corruption, honeying and making love, Over the nasty sty—"

A horn sounds behind the stage.

Ladies and gentlemen, your attention please! The play is about to begin.

PAUSE

All right, I am starting. *[He bangs his stick and speaks in a loud voice.]* O, you venerable ancient shadows that swirl above the lake, each night send us to sleep and let us dream of what will be in two hundred thousand years!

SORIN. In two hundred thousand years, there will be nothing at all...

TREPLEV. Then let them show us that nothing.

ARKADINA. Yes, let them — all right, now we are asleep.

The curtain rises. Behind the stage you can see the lake. The moon is just over the horizon and is reflected in the water. NINA Zarechnaya, dressed in white, is seen seated on a large rock.

NINA. Men and beasts, lions, eagles, and quails, horned stags, geese, spiders, silent fish from below the waves, starfish, and creatures invisible to the eye — that is, life — all life, having come to the end of its dreary journey, has died out at last. A thousand centuries have passed since a living creature walked the earth and the poor moon now lights her lamp in vain. No longer do the cranes call in the meadows, no longer do the May beetles drone in the linden groves. All is cold, empty, desolate.

PAUSE

Треплев. Через минуту. Прошу терпения.

Аркадина (читает из «Гамлета»). «Мой сын! Ты очи обратил мне внутрь души, и я увидела её в таких кровавых, в таких смертельных язвах — нет спасенья!»

Треплев (из «Гамлета»). «И для чего ж ты поддалась пороку, любви искала в бездне преступленья?»

За эстрадой играют в рожок.

Господа, начало! Прошу внимания!

Пауза.

Я начинаю. (Стучит палочкой и говорит громко.) О вы, почтенные старые тени, которые носитесь в ночную пору над этим озером, усыпите нас, и пусть нам приснится то, что будет через двести тысяч лет!

Сорин. Через двести тысяч лет ничего не будет.

Треплев. Так вот пусть изобразят нам это ничего.

Аркадина. Пусть. Мы спим.

Поднимается занавес; открывается вид на озеро; луна над горизонтом, отражение её в воде; на большом камне сидит Нина Заречная, вся в белом.

Нина. Люди, львы, орлы и куропатки, рогатые олени, гуси, пауки, молчаливые рыбы, обитавшие в воде, морские звёзды и те, которых нельзя было видеть глазом, — словом, все жизни, все жизни, все жизни, свершив печальный круг, угасли... Уже тысячи веков, как земля не носит на себе ни одного живого существа, и эта бедная луна напрасно зажигает свой фонарь. На лугу уже не просыпаются с криком журавли, и майских жуков не бывает слышно в липовых рощах. Холодно, холодно, холодно. Пусто, пусто, пусто. Страшно, страшно, страшно.

Пауза.

The bodies of living creatures have turned to dust, and the eternal force of matter has transformed them into stones, water and clouds; but their spirits have merged and become one. I am that one, the Universal Spirit. I encompass within me the spirit of Alexander the Great, of Napoleon, of Caesar, of Shakespeare, and of the tiniest leech. Within me human consciousness has merged with animal instinct. I remember it all, everything, and I relive every life within myself...

Will-o-the-wisps can be seen on the shore.

ARKADINA. *[Quietly]* It appears that we have here a work of decadence.
TREPLEV. *[Imploringly]* Mother!
NINA. I am alone. Once in a hundred years I open my lips to speak and my voice rings mournfully over this desolate desert earth; and there is no one to hear. Even you, dim lights of the marsh, do not hear. In the small hours you are born of the decaying swamp and you roam until dawn, devoid of reason, devoid of will, devoid of the very spark of life. The Devil, father of the undying force of matter, fearing that you might give rise to life again, has caused the atoms you contain to shift positions every instant, so that you move and change unceasingly. I, alone in the universe, its spirit, am immutable and eternal.

PAUSE

Like a prisoner in a dungeon — deep and empty, I do not know where I am, or what awaits me. All that I am permitted to know is that, in my fierce and obstinate battle with the Devil, the undying force of matter, I am destined ultimately to win. Then, matter and spirit will merge at last in glorious harmony, and the will of the world shall reign on Earth. But this will happen only very gradually, after a long succession of millennia when the moon and bright Sirius and the earth itself will have turned to dust. Until that time, there is desolation, terrible, terrible desolation!

PAUSE; two red points of light can be seen above the lake.

The Devil, my mighty foe, approaches; I see his fearsome, crimson eyes.

Тела́ живы́х суще́ств исче́зли в пра́хе, и ве́чная мате́рия обрати́ла их в ка́мни, в во́ду, в облака́, а ду́ши их всех слили́сь в одну́. О́бщая мирова́я душа́ — э́то я... я... Во мне душа́ и Алекса́ндра Вели́кого, и Це́заря, и Шекспи́ра, и Наполео́на, и после́дней пия́вки. Во мне созна́ния люде́й слили́сь с инсти́нктами живо́тных, и я по́мню всё, всё, всё, и ка́ждую жизнь в себе́ само́й я пережива́ю вновь.

Пока́зываются боло́тные огни́.

Арка́дина (*ти́хо*). Это что-то декаде́нтское.

Тре́плев (*умоля́юще и с упрёком*). Ма́ма!

Ни́на. Я одино́ка. Раз в сто лет я открыва́ю уста́, чтобы говори́ть, и мой го́лос звучи́т в э́той пустоте́ уны́ло, и никто́ не слы́шит... И вы, бле́дные огни́, не слы́шите меня́. Под у́тро вас рожда́ет гнило́е боло́то, и вы блужда́ете до зари́, но без мы́сли, без во́ли, без трепета́ния жи́зни. Боя́сь, чтобы в вас не возни́кла жизнь, оте́ц ве́чной мате́рии, дья́вол, ка́ждое мгнове́ние в вас, как в камня́х и в воде́, произво́дит обме́н а́томов, и вы меня́етесь непреры́вно. Во вселе́нной остаётся постоя́нным и неизме́нным оди́н лишь дух.

Па́уза.

Как пле́нник, бро́шенный в пусто́й глубо́кий коло́дец, я не зна́ю, где я и что меня́ ждёт. От меня́ не скры́то лишь, что в упо́рной, жесто́кой борьбе́ с дья́волом, нача́лом материа́льных сил, мне суждено́ победи́ть, и по́сле того́ мате́рия и дух солью́тся в гармо́нии прекра́сной и насту́пит ца́рство мирово́й во́ли. Но э́то бу́дет лишь, когда́ ма́ло-пома́лу, че́рез дли́нный, дли́нный ряд тысячеле́тий, и луна́, и све́тлый Си́риус, и земля́ обратя́тся в пыль... А до тех пор у́жас, у́жас...

Па́уза; на фо́не о́зера пока́зываются две кра́сных то́чки.

Вот приближа́ется мой могу́чий проти́вник, дья́вол. Я ви́жу его́ стра́шные багро́вые глаза́...

ARKADINA. It reeks of sulfur. Is that part of the play?

TREPLEV. Yes.

ARKADINA. *(laughs)* Oh, I see; one of those so-called special effects.

TREPLEV. Mother!

NINA. In the absence of man, he is bereft of occupation.

PAULINA. *[To DORN]* Why have you taken off your hat? Put it back on, you'll catch cold.

ARKADINA. Clearly the doctor has taken off his hat to the Devil, the father of undying matter.

TREPLEV. *[Flying into a rage, loudly]* That's it! The play is over! Bring down the curtain!

ARKADINA. But what has made you so angry?

TREPLEV. *[Stamping his foot]* That's it! Curtain! Bring down the curtain! (*Stamping his foot.*) Curtain!

The curtain falls

Forgive me, I had momentarily forgotten that only a select few are permitted to write plays or perform them. I have infringed on the monopoly. I— I— *[He wants to say more, but instead waves his hand and exits stage left.]*

ARKADINA. What in the world has gotten into him?

SORIN. Irina, my dear sister, You ought not to be so rough on a young man's sense of self-worth.

ARKADINA. Why, what did I say to him?

SORIN. You hurt his feelings.

ARKADINA. But he told me himself that the play was a farce, so that is the way I reacted to it.

SORIN. Still—

ARKADINA. Now you try to tell me that he has written a masterpiece! Whatever next? It seems that he put on this show and nearly suffocated us with sulfur not, as I thought, as a joke, but to demonstrate to us and teach us how modern plays ought to be written and performed. This is getting to be too much. Not even a saint could stand his constant digs and challenges. He is nothing but a spoiled, conceited boy.

SORIN. He was only trying to please you.

Аркадина. Серой пахнет. Это так нужно?

Треплев. Да.

Аркадина (*смеётся*). Да, это эффект.

Треплев. Мама!

Нина. Он скучает без человека...

Полина Андреевна (*Дорну*). Вы сняли шляпу. Наденьте, а то простудитесь.

Аркадина. Это доктор снял шляпу перед дьяволом, отцом вечной материи.

Треплев (*вспылив, громко*). Пьеса кончена! Довольно! Занавес!

Аркадина. Что же ты сердишься?

Треплев. Довольно! Занавес! Подавай занавес! (*Топнув ногой.*) Занавес!

Занавес опускается.

Виноват! Я выпустил из вида, что писать пьесы и играть на сцене могут только немногие избранные. Я нарушил монополию! Мне... я... (*Хочет ещё что-то сказать, но машет рукой и уходит влево.*)

Аркадина. Что с ним?

Сорин. Ирина, нельзя так, матушка, обращаться с молодым самолюбием.

Аркадина. Что же я ему сказала?

Сорин. Ты его обидела.

Аркадина. Он сам предупреждал, что это шутка, и я относилась к его пьесе, как к шутке.

Сорин. Всё-таки...

Аркадина. Теперь оказывается, что он написал великое произведение! Скажите, пожалуйста! Стало быть, устроил он этот спектакль и надушил серой не для шутки, а для демонстрации... Ему хотелось поучить нас, как надо писать и что нужно играть. Наконец, это становится скучно. Эти постоянные вылазки против меня и шпильки, воля ваша, надоедят хоть кому! Капризный, самолюбивый мальчик.

Сорин. Он хотел доставить тебе удовольствие.

ARKADINA. Oh, really? In that case why didn't he choose a normal play, instead of making us listen to this decadent raving. I am perfectly willing to listen to raving, so long as it is meant as a joke. But not when it pretends to be introducing new artistic forms, inaugurating a new era in art. I, for one, saw no new forms, only a personality defect.

TRIGORIN. Everyone must write what he feels, and what he is capable of.

ARKADINA. Fine, let him write what he feels and is capable of, only let him refrain from foisting it on me.

DORN. Jupiter, you are angry!

ARKADINA. I am not Jupiter, but a woman. *[She lights a cigarette]* And I am not angry; it simply pains me to see a young man wasting his time so unprofitably. I did not mean to hurt him.

MEDVEDENKO. There is no scientific basis for such a separation of life and matter. The spirit may well consist of nothing more than an aggregation of physical atoms. *[Excitedly, to TRIGORIN]* Say, you know what you ought to do? Write and stage a play about the life of schoolmasters like me. We have a hard, hard life.

ARKADINA. Good idea, but let's not waste this lovely evening talking about plays or atoms. Do you hear singing, my friends? How sweet it sounds.

PAULINA. It's from the other side of the lake.

PAUSE

ARKADINA. *[To TRIGORIN]* Sit here, next to me. Ten or fifteen years ago you could hear music and singing on this lake all the time, almost every night. There are six estates on the lake shore. I remember the noise, the laughter and all the romances, so many of them! The chief romantic lead and object of female admiration on all six estates was this fellow here, *[Nods toward DORN]* Doctor Yevgeny Sergeyich. Even now he is charmer, but he was irresistible then. But, my conscience is beginning to bother me. Why did I hurt my poor boy's feelings? I am worried about him. *[Loudly]* Kostya! Son! Kostya!

MASHA. Shall I go and find him?

ARKADINA. Please do, my dear.

MASHA. *[Exits left]* Konstantin Gavrilovich! Konstantin Gavrilovich! Yoo-hoo!

Арка́дина. Да? Одна́ко же вот он не вы́брал како́й-нибудь обыкнове́нной пье́сы, а заста́вил нас прослу́шать э́тот декаде́нтский бред. Ра́ди шу́тки я гото́ва слу́шать и бред, но ведь тут прете́нзии на но́вые фо́рмы, на но́вую э́ру в иску́сстве. А, по-мо́ему, никаки́х тут но́вых форм нет, а про́сто дурно́й хара́ктер.

Триго́рин. Ка́ждый пи́шет так, как хо́чет и как мо́жет.

Арка́дина. Пусть он пи́шет как хо́чет и как мо́жет, то́лько пусть оста́вит меня́ в поко́е.

Дорн. Юпи́тер, ты се́рдишься...

Арка́дина. Я не Юпи́тер, а же́нщина. *(Заку́ривает.)* Я не сержу́сь, мне то́лько доса́дно, что молодо́й челове́к так ску́чно прово́дит вре́мя. Я не хоте́ла его́ оби́деть.

Медведе́нко. Никто́ не име́ет основа́ния отделя́ть дух от мате́рии, так как, быть мо́жет, са́мый дух есть совоку́пность материа́льных а́томов. *(Жи́во, Триго́рину.)* А вот, зна́ете ли, описа́ть бы в пье́се и пото́м сыгра́ть на сце́не, как живёт наш брат — учи́тель. Тру́дно, тру́дно живётся!

Арка́дина. Это справедли́во, но не бу́дем говори́ть ни о пье́сах, ни об а́томах. Ве́чер тако́й сла́вный! Слы́шите, господа́, пою́т? *(Прислу́шивается.)* Как хорошо́!

Поли́на Андре́евна. Это на том берегу́.

Па́уза.

Арка́дина *(Триго́рину).* Ся́дьте во́зле меня́. Лет 10-15 наза́д, здесь, на о́зере, му́зыка и пе́ние слы́шались непреры́вно почти́ ка́ждую ночь. Тут на берегу́ шесть поме́щичьих уса́деб. По́мню, смех, шум, стрельба́, и всё рома́ны, рома́ны... Jeune premier'ом и куми́ром всех э́тих шести́ уса́деб был тогда́ вот, рекоменду́ю *(кива́ет на До́рна),* до́ктор Евге́ний Серге́ич. И тепе́рь он очарова́телен, но тогда́ был неотрази́м. Одна́ко меня́ начина́ет му́чить со́весть. За что я оби́дела моего́ бе́дного ма́льчика? Я непоко́йна. *(Гро́мко.)* Ко́стя! Сын! Ко́стя!

Ма́ша. Я пойду́ поищу́ его́.

Арка́дина. Пожа́луйста, ми́лая.

Ма́ша (идёт вле́во). Ау́! Константи́н Гаври́лович!.. Ау́! *(Ухо́дит.)*

NINA. [*Enters from behind the stage*] It looks like the play isn't going to go on, so I can go home. Good evening. [*She kisses ARKADINA and PAULINA.*]

SORIN. Bravo! Bravo!

ARKADINA. Bravo! Bravo! You were enchanting up there. With your looks and your lovely voice, it is a sin for you to hide yourself in the country. I am sure you have talent. Do you hear me? You simply must go on the stage!

NINA. That is my dream! *(Sighs)* But it will never come true.

ARKADINA. You never know? Perhaps it will. But let me introduce you to Trigorin, Boris Alekseyevich.

NINA. I am thrilled to meet you. [*Flustered*] I have read everything you've written...

ARKADINA. [*Drawing NINA down to sit beside her*] Don't be flustered, dear. Of course he is a celebrity, but he is a is a simple fellow at heart. See, he himself is flustered..

DORN. Shouldn't the curtain be raised now? It is eerie to have it down.

SHAMRAYEV. [*Loudly*] Jacob, my friend! Raise the curtain!

The curtain goes up.

NINA. [*To TRIGORIN*] It was a strange play, wasn't it?

TRIGORIN. Very. I couldn't understand it at all, but I watched it with the greatest pleasure because you acted with such sincerity, and the setting was beautiful.

PAUSE

There must be a lot of fish in this lake.

 NINA. Yes, there are.

TRIGORIN. I love to fish. There is nothing I like better than to sit on the shore as evening comes, watching my lure.

NINA. Yet, I would think that one who has experienced the joys of creation, would find little pleasure in lesser pursuits.

ARKADINA *(laughing)*. Don't say such things to him. He always begins to dither when people pay him compliments.

Нина *(выходя из-за эстрады.)* Очевидно, продолжения не будет, мне можно выйти. Здравствуйте! *(Целуется с Аркадиной и Полиной Андреевной.)*

Сорин. Браво! браво!

Аркадина. Браво! браво! Мы любовались. С такою наружностью, с таким чудным голосом нельзя, грешно сидеть в деревне. У вас должен быть талант. Слышите? Вы обязаны поступить на сцену!

Нина. О, это моя мечта! *(Вздохнув.)* Но она никогда не осуществится.

Аркадина. Кто знает? Вот позвольте вам представить: Тригорин, Борис Алексеевич.

Нина. Ах, я так рада... *(Сконфузившись.)* Я всегда вас читаю...

Аркадина *(усаживая её возле).* Не конфузьтесь, милая. Он знаменитость, но у него простая душа. Видите, он сам сконфузился.

Дорн. Полагаю, теперь можно поднять занавес, а то жутко.

Шамраев *(громко).* Яков, подними-ка, братец, занавес!

Занавес поднимается.

Нина *(Тригорину).* Не правда ли, странная пьеса?

Тригорин. Я ничего не понял. Впрочем, смотрел я с удовольствием. Вы так искренно играли. И декорация была прекрасная.

Пауза.

Должно быть, в этом озере много рыбы.

Нина. Да.

Тригорин. Я люблю удить рыбу. Для меня нет больше наслаждения, как сидеть под вечер на берегу и смотреть на поплавок.

Нина. Но, я думаю, кто испытал наслаждение творчества, для того уже все другие наслаждения не существуют.

Аркадина *(смеясь).* Не говорите так. Когда ему говорят хорошие слова, то он проваливается.

SHAMRAYEV. I remember once I had gone to hear the renowned Silva at the Opera House at Moscow, and he hit low C. Well, by sheer coincidence one of the church cantors, happened to be sitting in the gallery, and suddenly we heard, "Bravo, Silva!" a whole octave lower. Like this: *[In a deep bass voice]* "Bravo, Silva!" The audience was dumbstruck.

PAUSE

DORN. The angel of silence must be flying over us.

NINA. I must go. Good-bye.

ARKADINA. Where to? Why must you leave so soon? We won't permit it.

NINA. My father is expecting me.

ARKADINA. He's a strict one, it's true.. *[They kiss goodbye]* Well, there's nothing to be done. But I really hate to let you go.

NINA. If you only knew how painful it is for me to leave you all!

ARKADINA. Somebody should see you home, my pet.

NINA. *[Anxiously]* No, no!

SORIN. *[Imploringly]* Please stay!

NINA. I can't, Peter Nikolayevich.

SORIN. Just one more hour, that's all. Come on now...

NINA. *[trying to decide, through tears]* No, no, I can't. *[She shakes hands with him and exits quickly.]*

ARKADINA. Poor girl! They say that her late mother left the whole of her immense fortune to her husband, and the child will be left penniless because her father has already willed everything to his second wife. It's an outrage.

DORN. Yes, her papa is a real pig, I must give him his due.

SORIN. *[Rubbing his chilled hands]* Come, let us go in; the night is damp, and my legs are aching.

ARKADINA. Yes, I can see that; you can hardly walk. You move as if your legs were made of wood. Let's go then, my poor old man. *[She takes his arm.]*

SHAMRAYEV. *[Offering his arm to his wife]* Madame?

SORIN. That dog is howling again. *(To Shamrayev)* Ilya, would you tell them to let him loose.

Шамра́ев. По́мню, в Москве́ в о́перном теа́тре одна́жды знамени́тый Си́льва взял ни́жнее до. А в э́то вре́мя, как наро́чно, сиде́л на галере́е бас из на́ших синода́льных пе́вчих, и вдруг, мо́жете себе́ предста́вить на́ше кра́йнее изумле́ние, мы слы́шим с галере́и: «Бра́во, Си́льва!» — це́лою окта́вой ни́же... Вот э́так (ни́зким баско́м): бра́во, Си́льва... Теа́тр так и за́мер.

Па́уза.

Дорн. Ти́хий а́нгел пролете́л.

Ни́на. А мне пора́. Проща́йте.

Арка́дина. Куда́? Куда́ так ра́но? Мы вас не пу́стим.

Ни́на. Меня́ ждёт па́па.

Арка́дина. Како́й он, пра́во... *(Целу́ются.)* Ну, что де́лать. Жаль, жаль вас отпуска́ть.

Ни́на. Если бы вы зна́ли, как мне тяжело́ уезжа́ть!

Арка́дина. Вас бы проводи́л кто-нибудь, моя́ кро́шка.

Ни́на *(испу́ганно)*. О, нет, нет!

Со́рин *(ей, умоля́юще)*. Оста́ньтесь!

Ни́на. Не могу́, Пётр Никола́евич.

Со́рин. Оста́ньтесь на оди́н час и всё. Ну что, пра́во...

Ни́на *(поду́мав, сквозь слёзы)*. Нельзя́! *(Пожима́ет ру́ку и бы́стро ухо́дит.)*

Арка́дина. Несча́стная де́вушка в су́щности. Говоря́т, её поко́йная мать завеща́ла му́жу всё своё грома́дное состоя́ние, всё до копе́йки, и тепе́рь э́та де́вочка оста́лась ни с чем, так как оте́ц её уже́ завеща́л всё свое́й второ́й жене́. Это возмути́тельно.

Дорн. Да, её па́пенька поря́дочная-таки скоти́на, на́до отда́ть ему́ по́лную справедли́вость.

Со́рин *(потира́я озя́бшие ру́ки)*. Пойдёмте-ка, господа́, и мы, а то стано́вится сы́ро. У меня́ но́ги боля́т.

Арка́дина. Они́ у тебя́ как деревя́нные, едва́ хо́дят. Ну, пойдём, стари́к злосча́стный. *(Берёт его́ под ру́ку.)*

Шамра́ев (подава́я ру́ку жене́). Мада́м?

Со́рин. Я слы́шу, опя́ть во́ет соба́ка. *(Шамра́еву.)* Бу́дьте добры́, Илья́ Афана́сьевич, прикажи́те отвяза́ть её.

SHAMRAYEV. I'm sorry, Peter Nikolayevich, but I can't; I'm afraid thieves will get into the barn. I've got millet stored there. *[Walking beside MED-VEDENKO]* Yes, a whole octave lower: "Bravo, Silva!" and he wasn't a professional singer either, just a simple church cantor.

MEDVEDENKO. How much money does such a cantor get paid?

All exit except DORN.

DORN *(to himself)* Perhaps, I have lost my wits, but I must confess I liked that play. There was something in it. When that girl spoke of her solitude and the Devil's eyes began to gleam, I felt my hands shaking with emotion. It was so fresh and naive. But here he comes; I'll try to say something to make him feel better.

TREPLEV enters. Everyone is gone.

TREPLEV. Have they all gone already?

DORN. I'm still here.

TREPLEV. Masha has been looking for me all over the grounds. What an insufferable creature.

DORN. Konstantin Gavrilovich, I liked your play a great deal. It was a bit strange, of course, and I did not hear the end, but still it made a strong impression on me. You are a talented man; you must keep on with your writing.

TREPLEV seizes his hand and squeezes it hard,
then impetuously embraces him.

Good heavens! how emotional you are. Your eyes are full of tears. What I wanted to say to you was this. You chose your subject from the realm of abstract thought, and you were absolutely right to do so. A work of art absolutely must express some great idea. Only what is serious can be beautiful. But, how pale you are!

TREPLEV. So you advise me to continue writing?

DORN. Yes, but you must portray only what is important and eternal... As you know, I have led a varied and worldly life, and I am content, but if

Шамраев. Нельзя, Пётр Николаевич, боюсь, как бы воры в амбар не забрались. Там у меня просо. *(Идущему рядом Медведенку.)* Да, на целую октаву ниже: «Браво, Сильва!» А ведь не певец, простой синодальный певчий.

Медведенко. А сколько жалованья получает синодальный певчий?

Все уходят, кроме Дорна.

Дорн *(один)*. Не знаю, быть может, я ничего не понимаю или сошёл с ума, но пьеса мне понравилась. В ней что-то есть. Когда эта девочка говорила об одиночестве и потом, когда показались красные глаза дьявола, у меня от волнения дрожали руки. Свежо, наивно... Вот, кажется, он идёт. Мне хочется наговорить ему побольше приятного.

Треплев (входит). Уже нет никого.

Дорн. Я здесь.

Треплев. Меня по всему парку ищет Машенька. Несносное создание.

Дорн. Константин Гаврилович, мне ваша пьеса чрезвычайно понравилась. Странная она какая-то, и конца я не слышал, и всё-таки впечатление сильное. Вы талантливый человек, вам надо продолжать.

Треплев крепко жмёт ему руку и обнимает порывисто.

Фуй, какой нервный. Слёзы на глазах... Я что хочу сказать? Вы взяли сюжет из области отвлечённых идей. Так и следовало, потому что художественное произведение непременно должно выражать какую-нибудь большую мысль. Только то прекрасно, что серьёзно. Как вы бледны!

Треплев. Так вы говорите — продолжать?

Дорн. Да... Но изображайте только важное и вечное. Вы знаете, я прожил свою жизнь разнообразно и со вкусом, я доволен,

I had ever experienced the exaltation that an artist feels at the moment of creation, I think I would have scorned this mortal coil and everything associated with it and have soared above this earth to a higher plane.

TREPLEV. I'm sorry to interrupt, but do you know where Nina is?

DORN. And something else: every work of art should express a clear and definite idea. You must know why you are writing; if you choose the path of art for art's sake, you will lose your way, and your talent will be your downfall.

TREPLEV. *[Impatiently]* Where is Nina?

DORN. She went home.

TREPLEV. *[despairing]* What shall I do? I want to see her; I have to see her! I'm going...

First published in Russian: 1895
Retranslation by Lydia Razran-Stone,
based on the Marian Fell translation.

но е́сли бы мне пришло́сь испыта́ть подъём ду́ха, како́й быва́ет у худо́жников во вре́мя тво́рчества, то, мне ка́жется, я презира́л бы свою́ материа́льную оболо́чку и всё, что э́той оболо́чке сво́йственно, и уноси́лся бы от земли́ пода́льше в высоту́.

Тре́плев. Винова́т, где Заре́чная?

Дорн. И вот ещё что. В произведе́нии должна́ быть я́сная, определённая мысль. Вы должны́ знать, для чего́ пи́шете, ина́че, е́сли пойдёте по э́той живопи́сной доро́ге без определённой це́ли, то вы заблу́дитесь и ваш тала́нт погу́бит вас.

Тре́плев *(нетерпели́во)*. Где Заре́чная?

Дорн. Она́ уе́хала домо́й.

Тре́плев *(в отча́янии)*. Что же мне де́лать? Я хочу́ её ви́деть... Мне необходи́мо её ви́деть... Я пое́ду...

1895

With Wife Olga Knipper
On their honeymoon in
Aksyonovo, June 1901

Anton Chekhov in 1901

Statue to Chekhov, Tomsk

In his letters from Siberia en route to Sakhalin (see Chtenia 09), Chekhov wrote to his sister that "Tomsk is a very dull town. To judge from the drunkards whose acquaintance I have made, and from the intellectual people who have come to the hotel to pay their respects to me, the inhabitants are very dull, too." Local residents recently erected this slightly mocking statue of the writer. The inscription reads: "Anton Pavlovich in Tomsk, through the eyes of a drunken muzhik lying in a ditch and who has never read 'Kastanka'." (Антон Павлович в Томске глазами пьяного мужика, лежащего в канаве и не читавшего „Каштанку".)

The following three stories are interrelated and have recurring characters and themes. As such, they are often referred to as Chekhov's "Little Trilogy."

The Man in a Case
Anton Chekhov

Some hunters, out too late to return home, were spending the night on the outskirts of Mironositskoye village in a barn belonging to Prokofy, the village elder. There were two of them, Ivan Ivanich, a veterinarian, and Burkin, a schoolmaster. Ivan Ivanich had a rather strange, double-barrelled surname — Chimsha-Gimalaysky — which did not suit him at all, and so he was called simply Ivan Ivanich all over the province. He lived on the stud farm near town and had come out shooting as a means of getting some fresh air. Burkin, who taught at the high school in town, would come to visit Count P. every summer, and had been thoroughly at home in this district for years.

They did not go to sleep immediately. Ivan Ivanich, a tall, lean old fellow with a long moustache, was sitting outside the door, smoking a pipe in the moonlight. Burkin was lying inside on the hay, invisible in the darkness.

They got to telling stories. Among other things, they spoke of the fact that the elder's wife, Mavra, a healthy and by no means stupid woman, had never been beyond her native village. She had never seen a large town or a railway in her life and had spent the last ten years sitting close to the stove, only venturing outside at night.

"What so surprising about that?" said Burkin. "There are plenty of people in the world who are solitary in temperament and, like hermit crabs or snails, try to retreat into their shells. Perhaps this is a kind of atavism, a

Человек в футляре
Антон Чехов

На са́мом краю́ села́ Мироно́сицкого, в сара́е ста́росты Проко́фия расположи́лись на ночле́г запозда́вшие охо́тники. Их бы́ло то́лько дво́е: ветерина́рный врач Ива́н Ива́ныч и учи́тель гимна́зии Бу́ркин. У Ива́на Ива́ныча была́ дово́льно стра́нная, двойна́я фами́лия — Чимша́-Гимала́йский, кото́рая совсе́м не шла ему́, и его́ во всей губе́рнии зва́ли про́сто по и́мени и о́тчеству; он жил о́коло го́рода на ко́нском заво́де и прие́хал тепе́рь на охо́ту, что́бы подыша́ть чи́стым во́здухом. Учи́тель же гимна́зии Бу́ркин ка́ждое ле́то гости́л у гра́фов П. и в э́той ме́стности давно́ уже́ был свои́м челове́ком.

Не спа́ли. Ива́н Ива́ныч, высо́кий, худоща́вый стари́к с дли́нными уса́ми, сиде́л снару́жи у вхо́да и кури́л тру́бку; его́ освеща́ла луна́. Бу́ркин лежа́л внутри́ на се́не, и его́ не́ было ви́дно в потёмках.

Расска́зывали ра́зные исто́рии. Ме́жду про́чим говори́ли о том, что жена́ ста́росты, Ма́вра, же́нщина здоро́вая и не глу́пая, во всю свою́ жизнь нигде́ не была́ да́льше своего́ родно́го села́, никогда́ не ви́дела ни го́рода, ни желе́зной доро́ги, а в после́дние де́сять лет всё сиде́ла за пе́чью и то́лько по ноча́м выходи́ла на у́лицу.

— Что же тут удиви́тельного! — сказа́л Бу́ркин. — Люде́й, одино́ких по нату́ре, кото́рые, как рак-отше́льник и́лиули́тка, стара́ются уйти́ в свою́ скорлупу́, на э́том све́те не ма́ло. Быть мо́жет, тут явле́ние атави́зма, возвраще́ние к тому́ вре́мени, когда́ пре́док

return to the period when man's ancestors were not yet social animals and lived alone in their dens, or perhaps it is merely one of the normal variants of human nature — who knows? I am not a natural scientist and it is not my place to settle such questions; all I am saying is that people like Mavra are not all that uncommon. There is no need to look too far; two months ago a man called Belikov, a colleague of mine, the Greek master, died in town. You may well have heard of him. He was famous for always wearing galoshes and a warm padded coat and carrying an umbrella, even in the very finest weather. Furthermore, he kept his umbrella in a case, and his watch in a case made of gray chamois leather, and when he took out his penknife to sharpen his pencil, you saw that his penknife, too, was in its own little case. Indeed, his face seemed to be in a case as well, since he always hid it in his turned-up collar. He wore dark glasses and flannel vests, stuffed his ears with cotton, and when he got into a cab he always told the driver to put up the hood. In short, the man displayed a constant and insurmountable impulse to wrap himself in a covering, to create for himself, so to speak, a case that would isolate him and protect him from the outside world. The real world irritated him, frightened him, and kept him in a state of constant agitation. Perhaps to justify his timidity, his aversion for the actual, he always praised the past and what had never existed. Even the classical languages that he taught were, in reality, nothing more than the equivalent of the galoshes and umbrellas, which he used as a shelter from real life.

"'Oh, how sonorous, how beautiful is the Greek language!' he would say, with a mawkish expression; and, as though to prove the truth of this, he would screw up his eyes and, raising his finger into the air, intone the word 'Anthropos'!"

"Belikov even attempted to wrap his very thoughts in a case. The only things that he understood clearly were government directives and newspaper articles that forbade something. When some directive prohibited schoolboys from going out on the street after nine o'clock in the evening, or some article proclaimed physical love to be unlawful, he understood clearly and definitely. The thing was forbidden, and that was all that had to be said. In his mind, there was something dubious and disturbingly vague lurking in any sort of approval or permission. When a town drama club or reading-room or tea-shop was approved, he would shake his head and say softly:

человека не́ был ещё обще́ственным живо́тным и жил одино́ко в свое́й берло́ге, а мо́жет быть, э́то про́сто одна́ из разнови́дностей челове́ческого хара́ктера, — кто зна́ет? Я не есте́ственник и не моё де́ло каса́ться подо́бных вопро́сов; я то́лько хочу́ сказа́ть, что таки́е лю́ди, как Ма́вра, явле́ние не ре́дкое. Да вот, недалеко́ иска́ть, ме́сяца два наза́д у́мер у нас в го́роде не́кий Бе́ликов, учи́тель гре́ческого языка́, мой това́рищ. Вы о нём слы́шали, коне́чно. Он был замеча́телен тем, что всегда́, да́же в о́чень хоро́шую пого́ду, выходи́л в кало́шах и с зо́нтиком и непреме́нно в тёплом пальто́ на ва́те. И зо́нтик у него́ был в чехле́, и часы́ в чехле́ из се́рой за́мши, и когда́ вынима́л перочи́нный нож, чтобы очини́ть каранда́ш, то и нож у него́ был в чехо́льчике; и лицо́, каза́лось, то́же бы́ло в чехле́, так как он всё вре́мя пря́тал его́ в по́днятый воротни́к. Он носи́л тёмные очки́, фуфа́йку, у́ши закла́дывал ва́той, и когда́ сади́лся на изво́зчика, то прика́зывал поднима́ть верх. Одни́м сло́вом, у э́того челове́ка наблюда́лось постоя́нное и непреодоли́мое стремле́ние окружи́ть себя́ оболо́чкой, созда́ть себе́, так сказа́ть, футля́р, кото́рый уедини́л бы его́, защити́л бы от вне́шних влия́ний. Действи́тельность раздража́ла его́, пуга́ла, держа́ла в постоя́нной трево́ге, и, быть мо́жет, для того́, чтобы оправда́ть э́ту свою́ ро́бость, своё отвраще́ние к настоя́щему, он всегда́ хвали́л про́шлое и то, чего́ никогда́ не́ было; и дре́вние языки́, кото́рые он преподава́л, бы́ли для него́, в су́щности, те же кало́ши и зо́нтик, куда́ он пря́тался от действи́тельной жи́зни.

— О, как зву́чен, как прекра́сен гре́ческий язы́к! — говори́л он со сла́дким выраже́нием; и, как бы в доказа́тельство свои́х слов, прищу́рив глаз и подня́в па́лец, произноси́л: — Антро́пос!

И мысль свою́ Бе́ликов та́кже стара́лся запря́тать в футля́р. Для него́ бы́ли я́сны то́лько циркуля́ры и газе́тные статьи́, в кото́рых запреща́лось что-нибудь. Когда́ в циркуля́ре запреща́лось ученика́м выходи́ть на у́лицу по́сле девяти́ часо́в ве́чера и́ли в како́й-нибудь статье́ запреща́лась пло́тская любо́вь, то э́то бы́ло для него́ я́сно, определённо; запрещено́ — и ба́ста. В разреше́нии же и позволе́нии скрыва́лся для него́ всегда́ элеме́нт сомни́тельный, что-то недо-ска́занное и сму́тное. Когда́ в го́роде разреша́ли драмати́ческий кружо́к, и́ли чита́льню, и́ли ча́йную, то он пока́чивал голово́й и говори́л ти́хо:

"There's nothing wrong with that, of course; it's all very nice, but what if something unfortunate were to come of it!"

"Any sort of violation, deviation or departure from the rules sent him into a state of depression, even when, anyone would have thought, it had nothing whatsoever to do with him. If one of his colleagues was late for church, or he heard a rumor that his students had pulled some prank, or one of the mistresses was seen late one evening in the company of an officer he would get upset and voice the fear that something unfortunate might come of it. At our teachers' meetings we all felt oppressed by his caution, his pessimistic anxiety, and his invariable concern that the misbehavior he said was occurring in the male and female branches of the school and the disorder in the classroom had to be prevented from reaching the ears of the authorities, in order that something unfortunate did not come of it. And then there were his conjectures that, if Petrov were expelled from the second form and Yegorov from the fourth, it would be a very good thing indeed. And what was the result of all this? With his sighs, his dismal whining, and even the dark glasses on his little white face (you know the type of face, like a ferret's) he oppressed us into submission and we gave Petrov and Yegorov bad marks for conduct, made them serve detention and, ultimately, expelled them both.

"He would pay a visit to another teacher's house and then sit there in silence as if he were some kind of auditor or inspector. He would sit this way for an hour or two and then get up and leave. He called this 'maintaining good relationships with his colleagues.' It was obvious that coming to see us and sitting there was painful to him and that he made the effort simply because he considered it his duty as our colleague. We teachers were afraid of him. Even the headmaster feared him. The whole thing seems hard to believe: our teachers were all thinking people, people of integrity, brought up on Turgenev and Shchedrin. And yet this insignificant guy, who never went out without his galoshes and umbrella, kept us under his thumb for fifteen long years! And not only the high school! No, he had the whole town under his thumb! The ladies did not dare put on amateur theatricals on Saturdays for fear he would hear of it. Our clergy were afraid to eat meat or play cards in his presence. Because of the influence of people like Belikov, over the last ten or fifteen years, the people of the town have begun to be afraid of absolutely everything. They are afraid to talk too loudly, afraid to

— Оно́, коне́чно, так-то так, всё э́то прекра́сно, да как бы чего́ не вы́шло.

Вся́кого ро́да наруше́ния, уклоне́ния, отступле́ния от пра́вил приводи́ли его́ в уны́ние, хотя́, каза́лось бы, како́е ему́ де́ло? Е́сли кто из това́рищей опа́здывал на моле́бен, и́ли доходи́ли слу́хи о како́й-нибудь прока́зе гимнази́стов, и́ли ви́дели кла́ссную да́му по́здно ве́чером с офице́ром, то он о́чень волнова́лся и всё говори́л, как бы чего́ не вы́шло. А на педагоги́ческих сове́тах он про́сто угнета́л нас свое́ю осторо́жностью, мни́тельностью и свои́ми чи́сто футля́рными соображе́ниями насчёт того́, что вот-де в мужско́й и же́нской гимна́зиях молодёжь ведёт себя́ ду́рно, о́чень шуми́т в кла́ссах, — ах, как бы не дошло́ до нача́льства, ах, как бы чего́ не вы́шло, — и что е́сли б из второ́го кла́сса исключи́ть Петро́ва, а из четвёртого — Его́рова, то бы́ло бы о́чень хорошо́. И что же? Свои́ми вздо́хами, нытьём, свои́ми тёмными очка́ми на бле́дном, ма́леньком лице́, — зна́ете, ма́леньком лице́, как у хорька́, — он дави́л нас всех, и мы уступа́ли, сбавля́ли Петро́ву и Его́рову балл по поведе́нию, сажа́ли их под аре́ст и в конце́ концо́в исключа́ли и Петро́ва, и Его́рова. Бы́ло у него́ стра́нное обыкнове́ние — ходи́ть по на́шим кварти́рам. Придёт к учи́телю, ся́дет и молчи́т и как бу́дто что-то высма́тривает. Посиди́т, э́так, мо́лча, час-друго́й и уйдёт. Э́то называ́лось у него́ «подде́рживать до́брые отноше́ния с това́рищами», и, очеви́дно, ходи́ть к нам и сиде́ть бы́ло для него́ тяжело́, и ходи́л он к нам то́лько потому́, что счита́л свое́ю това́рищескою обя́занностью. Мы, учителя́, боя́лись его́. И да́же дире́ктор боя́лся. Вот поди́те же, на́ши учителя́ наро́д всё мы́слящий, глубоко́ поря́дочный, воспи́танный на Турге́неве и Щедрине́, одна́ко же э́тот челове́чек, ходи́вший всегда́ в кало́шах и с зо́нтиком, держа́л в рука́х всю гимна́зию це́лых пятна́дцать лет! Да что гимна́зию? Весь го́род! На́ши да́мы по суббо́там дома́шних спекта́клей не устра́ивали, боя́лись, как бы он не узна́л; и духове́нство стесня́лось при нём ку́шать скоро́мное и игра́ть в ка́рты. Под влия́нием таки́х люде́й, как Бе́ликов, за после́дние де́сять — пятна́дцать лет в на́шем го́роде ста́ли боя́ться всего́. Боя́тся гро́мко говори́ть, посыла́ть пи́сьма, знако́миться, чита́ть кни́ги, боя́тся помога́ть бе́дным, учи́ть гра́моте...

send letters, afraid to meet new people, afraid to read books, afraid to help the poor, afraid to teach them to read and write..."

Ivan Ivanich, wanting to say something, cleared his throat, but first he lit his pipe, and gazed at the moon. Finally, speaking slowly and deliberately, he said:

"Yes, thinking people of integrity read both Shchedrin and Turgenev, and various Buckles and that sort of stuff, yet they knuckled under and suffered in silence... that's the whole problem."

"Belikov and I lived in the same building," Burkin continued. "On the same floor; his door faced mine; I saw a lot of him, and I saw the way he lived. It was the same story: dressing-gown, nightcap, blinds, bolts, an endless series of prohibitions and restrictions of all sorts, and, of course, 'if only nothing unfortunate comes of it!' Lenten food disagreed with him, but he would not allow himself to eat meat on fast days, lest people might say Belikov did not keep the fasts. So he would eat fish cooked in butter, which, while not really a Lenten dish, was certainly more acceptable than meat... He would not keep a female servant for fear that it might give people the wrong ideas, so he hired the cook Afanasy, an old man of sixty who was a drunk and half crazy to boot, but who had once served as a military orderly and had learned to concoct something or other. This Afanasy usually stood at the door with his arms folded, sighing deeply and muttering the same phrase over and over: 'Oh yes, there are plenty of them around nowadays!'

"Belikov's bedroom was small and boxlike and his bed was shrouded with curtains. When he lay down to sleep he always pulled the bedclothes up over his head. It was hot and stuffy and the wind battered on the closed doors. There was a droning noise from the stove and the sound of sighing from the kitchen — ominous sighing. Even under his bedclothes he felt frightened. He was afraid that something bad might happen, that Afanasy might murder him or that thieves might break in, and so he had troubled dreams all night, and in the morning, when we walked to the high school together, he was glum and pale. It was obvious that the high school where we were heading and its many occupants filled his whole being with dread and aversion and that having to walk along beside me was painful to a man of his solitary temperament.

"'They are making so much noise in class these days,' he would say, as if trying to come up with a reason for his depression. 'It's just awful.'

Ива́н Ива́ныч, жела́я что-то сказа́ть, ка́шлянул, но снача́ла закури́л тру́бку, погляде́л на луну́ и пото́м уже́ сказа́л с расстано́вкой:

— Да. Мы́слящие, поря́дочные, чита́ют и Щедрина́, и Турге́нева, ра́зных там Бо́клей и про́чее, а вот подчини́лись же, терпе́ли... То-то вот оно́ и есть.

— Бе́ликов жил в том же до́ме, где и я, — продолжа́л Бу́ркин, — в том же этаже́, дверь про́тив две́ри, мы ча́сто ви́делись, и я знал его́ дома́шнюю жизнь. И до́ма та же исто́рия: хала́т, колпа́к, ста́вни, задви́жки, це́лый ряд вся́ких запреще́ний, ограниче́ний, и — ах, как бы чего́ не вы́шло! По́стное есть вре́дно, а скоро́мное нельзя́, так как, пожа́луй, ска́жут, что Бе́ликов не исполня́ет посто́в, и он ел судака́ на коро́вьем ма́сле, — пи́ща не по́стная, но и нельзя́ сказа́ть, чтобы скоро́мная. Же́нской прислу́ги он не держа́л из стра́ха, чтобы о нём не ду́мали ду́рно, а держа́л по́вара Афана́сия, старика́ лет шести́десяти, нетре́звого и полоу́много, кото́рый когда́-то служи́л в денщика́х и уме́л кое-как стря́пать. Э́тот Афана́сий стоя́л обыкнове́нно у две́ри, скрести́в ру́ки, и всегда́ бормота́л одно́ и то же, с глубо́ким вздо́хом:

— Мно́го уж их ны́нче развело́сь!

Спа́льня у Бе́ликова была́ ма́ленькая, то́чно я́щик, крова́ть была́ с по́логом. Ложа́сь спать, он укрыва́лся с голово́й; бы́ло жа́рко, ду́шно, в закры́тые две́ри стуча́лся ве́тер, в пе́чке гуде́ло; слы́шались вздо́хи из ку́хни, вздо́хи злове́щие...

И ему́ бы́ло стра́шно под одея́лом. Он боя́лся, как бы чего́ не вы́шло, как бы его́ не заре́зал Афана́сий, как бы не забрали́сь во́ры, и пото́м всю ночь ви́дел трево́жные сны, а у́тром, когда́ мы вме́сте шли в гимна́зию, был ску́чен, бле́ден, и бы́ло ви́дно, что многолю́дная гимна́зия, в кото́рую он шёл, была́ страшна́, проти́вна всему́ существу́ его́ и что идти́ ря́дом со мной ему́, челове́ку по нату́ре одино́кому, бы́ло тя́жко.

— О́чень уж шумя́т у нас в кла́ссах, — говори́л он, как бы стара́ясь отыска́ть объясне́ния своему́ тяжёлому чу́вству. — Ни на что не похо́же.

"And, would you believe it, this Greek master, this man in a case — almost got married."

Ivan Ivanich glanced quickly into the barn, and said:

"You're kidding!"

"No, really, strange as it might seem, he almost got married. What happened was this: A new history and geography master, Mikhail Savich Kovalenko, a Ukrainian, was assigned to our school. And when he moved here, he brought his sister, Varenka, with him. He was a tall, dark young man with huge hands, and you could just see from his face that he would have a bass voice; and, indeed, he did, a voice that seemed to come out of a barrel — 'boom, boom, boom'! His sister was no longer in her first youth, about thirty, but she, too, was tall and graceful with black eyebrows and red cheeks. In short she was a real sweetheart, and so lively, so boisterous; she was always singing Ukrainian songs and laughing. The smallest thing would set her off into gales of ringing laughter—'ha, ha, ha!' The other teachers first got to know the Kovalenkos at the headmaster's name-day party. Suddenly in the middle of our group of rigid, tense and gloomy teachers, who came to parties solely because it was expected of them, a new Aphrodite had arisen from the foam. She walked around with her hands on her hips, laughed, sang and danced. She sang with *The Winds Do Blow* with feeling, then another song, and another. We were all enchanted with her — all of us, even Belikov. He sat down by her and said with an ingratiating smile:

"'The Ukrainian language, in its delicacy and appealing resonance, is reminiscent of Ancient Greek.'

"These words flattered her and she began telling him earnestly and with feeling about the farm she had in the Gadyachsky district, where her mamma still lived, and where they grew 'such pears, such melons, such kabaks' (the Ukrainian word for pumpkin is *kabak* [the Russian word for tavern] while their word for tavern is *shinok*) and about the *borshch* they made there with tomatoes and eggplant, which was 'terribly, terribly delicious.'

"We listened and listened, and suddenly the same idea came to all of us.

"'What a good thing it would be, if could arrange to get those two married,' the headmaster's wife said to me softly.

"And for some reason all of us were reminded of the fact that our Belikov was unmarried. It suddenly seemed strange that we hadn't noticed this before, that we had completely overlooked such an important aspect of his

И э́тот учи́тель гре́ческого языка́, э́тот челове́к в футля́ре, мо́жете себе́ предста́вить, едва́ не жени́лся.

Ива́н Ива́ныч бы́стро огляну́лся в сара́й и сказа́л:

— Шу́тите!

— Да, едва́ не жени́лся, как э́то ни стра́нно. Назна́чили к нам но́вого учи́теля исто́рии и геогра́фии, не́коего Ковале́нко, Миха́йла Са́ввича, из хохло́в. Прие́хал он не оди́н, а с сестро́й Ва́ренькой. Он молодо́й, высо́кий, сму́глый, с грома́дными рука́ми, и по лицу́ ви́дно, что говори́т ба́сом, и в са́мом де́ле, го́лос как из бо́чки: бу-бу-бу... А она́ уже́ не молода́я, лет тридцати́, но то́же высо́кая, стро́йная, черноброва́я, краснощёкая, — одни́м сло́вом, не деви́ца, а мармела́д, и така́я разбитна́я, шу́мная, всё поёт малоросси́йские рома́нсы и хохо́чет. Чуть что, так и зальётся голоси́стым сме́хом: ха-ха-ха! Пе́рвое, основа́тельное знако́мство с Ковале́нками у нас, по́мню, произошло́ на имени́нах у дире́ктора. Среди́ суро́вых, напряжённо ску́чных педаго́гов, кото́рые и на имени́ны-то хо́дят по обя́занности, вдруг ви́дим, но́вая Афроди́та возроди́лась из пе́ны: хо́дит подбоченя́сь, хохо́чет, поёт, пля́шет... Она́ спе́ла с чу́вством «Ви́ют ви́тры», пото́м ещё рома́нс, и ещё, и всех нас очарова́ла, — всех, да́же Бе́ликова. Он подсе́л к ней и сказа́л, сла́дко улыба́ясь:

— Малоросси́йский язы́к свое́ю не́жностью и прия́тною зву́чностью напомина́ет древнегре́ческий.

Э́то польсти́ло ей, и она́ ста́ла расска́зывать ему́ с чу́вством и убеди́тельно, что в Гадя́чском уе́зде у неё есть ху́тор, а на ху́торе живёт ма́мочка, и там таки́е гру́ши, таки́е ды́ни, таки́е кабаки́! У хохло́в ты́квы называ́ются кабака́ми, а кабаки́ шинка́ми, и ва́рят у них борщ с кра́сненькими и с си́ненькими «тако́й вку́сный, тако́й вку́сный, что про́сто — у́жас!»

Слу́шали мы, слу́шали, и вдруг всех нас осени́ла одна́ и та же мысль.

— А хорошо́ бы их пожени́ть, — ти́хо сказа́ла мне дире́кторша.

Мы все почему́-то вспо́мнили, что наш Бе́ликов не жена́т, и нам тепе́рь каза́лось стра́нным, что мы до сих пор как-то

life. What was his attitude to women? How had he resolved this vital question for himself? This had not interested us in the least until that moment; perhaps we had not even allowed ourselves to entertain the idea that a man who wears galoshes no matter what the weather and sleeps in a curtained bed could fall in love.

"'He hasn't seen forty for some time, but she must be at least thirty,' the headmaster's wife continued, developing her idea. 'It seems to me she would accept him.'

"All sorts of things are done in the provinces out of boredom, all sorts of unnecessary and nonsensical things! And that is because those things that are truly necessary are not done at all. What need was there, for instance, for us to find a wife for this Belikov, whom no one could imagine as a married man? The headmaster's wife, the inspector's wife, and all the ladies associated with our school grew livelier and even seemed better-looking, as though they had suddenly found a goal in life. The headmaster's wife would take a box at the theatre, and sitting in it we would see Varenka, with an eye-catching fan, beaming and happy, and beside her Belikov, a little bent figure, looking as though he had been extracted from his house with pincers. I would give an evening party and the ladies would insist on my inviting Belikov and Varenka. In short, the machine was set in motion. It appeared that Varenka was not averse to matrimony. She did not lead a very cheerful life with her brother. All they did from morning to night was quarrel and shout at each other. For example, Kovalenko would be coming along the street, a tall, gawky, robust young fellow in an embroidered shirt, with his hair escaping from under his cap and falling down over his forehead. In one hand he would be holding a bundle of books, in the other a thick, knotty stick. After him would come his sister, also carrying books.

"'But you haven't read it, Mikhalik!' she would be arguing loudly. 'I tell you, I swear you have not read it at all!'

"'And I tell you I have read it,' Kovalenko would cry, banging his stick on the pavement.

"'For God's sake, Mikhalik, why are you so angry? We are arguing about principles.'

"'I tell you that I have read it!' Kovalenko would shout, more loudly than ever.

не замеча́ли, соверше́нно упуска́ли из ви́ду таку́ю ва́жную подро́бность в его́ жи́зни. Как вообще́ он отно́сится к же́нщине, как он реша́ет для себя́ э́тот насу́щный вопро́с? Ра́ньше э́то не интересова́ло нас во́все; быть мо́жет, мы не допуска́ли да́же и мы́сли, что челове́к, кото́рый во вся́кую пого́ду хо́дит в кало́шах и спит под по́логом, мо́жет люби́ть.

— Ему́ давно́ уже́ за со́рок, а ей три́дцать... — поясни́ла свою́ мысль дире́кторша. — Мне ка́жется, она́ бы за него́ пошла́.

Чего́ то́лько не де́лается у нас в прови́нции от ску́ки, ско́лько нену́жного, вздо́рного! И э́то потому́, что совсе́м не де́лается то, что ну́жно. Ну вот к чему́ нам вдруг пона́добилось жени́ть э́того Бе́ликова, кото́рого да́же и вообрази́ть нельзя́ бы́ло жена́тым? Дире́кторша, инспе́кторша и все на́ши гимнази́ческие да́мы о́жили, да́же похороше́ли, то́чно вдруг уви́дели цель жи́зни. Дире́кторша берёт в теа́тре ло́жу, и смо́трим — в её ло́же сиди́т Ва́ренька с э́таким ве́ером, сия́ющая, счастли́вая, и ря́дом с ней Бе́ликов, ма́ленький, скрю́ченный, то́чно его́ из до́му клеща́ми вы́тащили. Я даю́ вечери́нку, и да́мы тре́буют, что́бы я непреме́нно пригласи́л и Бе́ликова и Ва́реньку. Одни́м сло́вом, зарабо́тала маши́на. Оказа́лось, что Ва́ренька не прочь была́ за́муж. Жить ей у бра́та бы́ло не о́чень-то ве́село, то́лько и зна́ли, что по це́лым дням спо́рили и руга́лись. Вот вам сце́на: идёт Ковале́нко по у́лице, высо́кий, здоро́вый верзи́ла, в вы́шитой соро́чке, чуб из-под фура́жки па́дает на лоб; в одно́й руке́ па́чка книг, в друго́й то́лстая сукова́тая па́лка. За ним идёт сестра́, то́же с кни́гами.

— Да ты же, Миха́йлик, э́того не чита́л! — спо́рит она́ гро́мко. — Я же тебе́ говорю́, кляну́сь, ты не чита́л же э́того во́все!

— А я тебе́ говорю́, что чита́л! — кричи́т Ковале́нко, гремя́ па́лкой по тротуа́ру.

— Ах же, бо́же ж мой, Ми́нчик! Чего́ же ты се́рдишься, ведь у нас же разгово́р принципиа́льный.

— А я тебе́ говорю́, что я чита́л! — кричи́т ещё гро́мче Ковале́нко.

"And at home, even if there was an outsider present, there was always some kind of a squabble. Such a life must have been nerve racking and, of course, she must have longed for a home of her own. Besides, there was her age to be considered; there was no time left to pick and choose. She was willing to marry anybody, even our Greek master. And, indeed, most of our young ladies don't mind whom they marry so long as they manage to get married. Be that as it may, Varenka began to show an unmistakable partiality for Belikov.

"And Belikov? Well, he used to visit Kovalenko just as he did us. He would arrive, take a seat, and remain silent. He would sit in silence and Varenka would sing *The Winds Do Blow*, or look pensively at him with her dark eyes, or suddenly go off into a peal of laughter — 'ha-ha-ha!'

"The power of suggestion plays a major role in love affairs, and an even greater one in getting married. Everybody — both his colleagues and the ladies — began assuring Belikov that he ought to get married, that there was nothing left for him in life but to get married. We all congratulated him with solemn countenances, delivering ourselves of various platitudes, such as 'marriage is a serious step.' Besides, Varenka was good-looking and interesting; she was the daughter of a Civil Councillor, and even had a farm. What was more, she was the first woman who had ever treated him in a warm and friendly manner. His head was turned and he decided that he really ought to get married."

"Well, at that point his galoshes and umbrella should have been confiscated," said Ivan Ivanich.

"Can you believe it! that turned out to be impossible. He put Varenka's portrait on his table; he kept coming to see me and talking about Varenka and family life, saying marriage was a serious step. He was frequently at Kovalenko's. And yet he did not alter his manner of life in the least. Quite the reverse: indeed, his determination to get married appeared to have a depressing effect on him. He grew thinner and paler, and seemed to retreat further and further into his case.

"'I am fond of Varvara Savishna,' he used to say to me, with a weak little smile, 'and I know that everyone ought to get married, but... you know. all this has happened so suddenly. I just need to think about it some more.'

"'What is there to think about?' I used to say to him. 'Get married — that's all.'

А до́ма, как кто посторо́нний, так и перепа́лка. Така́я жизнь, вероя́тно, наску́чила, хоте́лось своего́ угла́, да и во́зраст приня́ть во внима́ние; тут уж перебира́ть не́когда, вы́йдешь за кого́ уго́дно, да́же за учи́теля гре́ческого языка́. И то сказа́ть, для большинства́ на́ших ба́рышень за кого́ ни вы́йти, лишь бы вы́йти. Как бы ни́ было, Ва́ренька ста́ла ока́зывать на́шему Бе́ликову я́вную благоскло́нность.

А Бе́ликов? Он и к Ковале́нку ходи́л так же, как к нам. Придёт к нему́, ся́дет и молчи́т. Он молчи́т, а Ва́ренька поёт ему́ «Ви́ют ви́тры», и́ли гляди́т на него́ заду́мчиво свои́ми тёмными глаза́ми, и́ли вдруг зальётся:

— Ха-ха-ха!

В любо́вных дела́х, а осо́бенно в жени́тьбе, внуше́ние игра́ет большу́ю роль. Все — и това́рищи, и да́мы — ста́ли уверя́ть Бе́ликова, что он до́лжен жени́ться, что ему́ ничего́ бо́льше не остаётся в жи́зни, как жени́ться; все мы поздравля́ли его́, говори́ли с ва́жными ли́цами ра́зные по́шлости, вро́де того́-де, что брак есть шаг серьёзный; к тому́ же Ва́ренька была́ недурна́ собо́й, интере́сна, она́ была́ дочь ста́тского сове́тника и име́ла ху́тор, а гла́вное, э́то была́ пе́рвая же́нщина, кото́рая отнесла́сь к нему́ ла́сково, серде́чно, — голова́ у него́ закружи́лась, и он реши́л, что ему́ в са́мом де́ле ну́жно жени́ться.

— Вот тут бы и отобра́ть у него́ кало́ши и зо́нтик, — проговори́л Ива́н Ива́ныч.

— Предста́вьте, э́то оказа́лось невозмо́жным. Он поста́вил у себя́ на столе́ портре́т Ва́реньки и всё ходи́л ко мне и говори́л о Ва́реньке, о семе́йной жи́зни, о том, что брак есть шаг серьёзный, ча́сто быва́л у Ковале́нков, но о́браза жи́зни не измени́л ниско́лько. Да́же наоборо́т, реше́ние жени́ться поде́йствовало на него́ как-то боле́зненно, он похуде́л, побледне́л и, каза́лось, ещё глу́бже ушёл в свой футля́р.

— Варва́ра Са́ввишна мне нра́вится, — говори́л он мне со сла́бой криво́й улы́бочкой, — и я зна́ю, жени́ться необходи́мо ка́ждому челове́ку, но... всё э́то, зна́ете ли, произошло́ как-то вдруг... На́до поду́мать.

— Что же тут ду́мать? — говорю́ ему́. — Жени́тесь, вот и всё.

"'No, marriage is a serious step. One must first weigh the duties before one, the responsibilities... so that nothing unfortunate comes of it later. It worries me so much that I'm not sleeping at night. And I must confess I am afraid that she and her brother have a kind of unconventional way of thinking; they look at things, you know, strangely, and then too her disposition is very lively. A person might get married and then, for all one knows, find himself in some kind of a mess.

"And so he did not propose; he kept putting it off, to the great vexation of the headmaster's wife and all the rest of our ladies. He went on weighing the duties and responsibilities before him, and meanwhile he would go for a walk with Varenka almost every day — possibly he thought that this was mandatory in his position — and then come to see me to talk about family life. And, in all probability, in the end he would have proposed to her and would have made one of those unnecessary, stupid marriages, such as are made by thousands among us, marriages that stem from being bored and having nothing to do, if it had not been for a *kolossalische Skandal*. I must say here that Varenka's brother, Kovalenko, detested Belikov from the first day of their acquaintance; he could not stand him.

"'I don't understand,' he used to say to us, shrugging his shoulders, 'I don't understand how you can put up with that informer, that pasty face. Ugh! How can you live here? The atmosphere is stifling and disgusting! How can you call yourselves schoolmasters, teachers? What you are is petty civil servants. Your place of work is not a temple of science, but rather a bureaucracy of conformity, and it stinks like a police sentry box. No, my friends; I will stay with you a while longer and then I will go off to my farm and fish for crabs and teach the peasants. I will go, and you can stay here with your Judas — damn his soul!'

"Or he would laugh till he cried, first in a loud bass, then in a shrill, thin laugh, and ask me, waving his hands:

"'Why does he come and sit at our place? What does he want? He sits and stares.'

"He even gave Belikov a nickname, 'That Spider.' And of course we avoided talking to him of his sister's plans to marry 'That Spider.' And on one occasion, when the headmaster's wife hinted to him what a good thing it would be for his sister to settle down with a reliable, universally respected man such as Belikov, he frowned and muttered:

— Нет, женитьба — шаг серьёзный, надо сначала взвесить предстоящие обязанности, ответственность... чтобы потом чего не вышло. Это меня так беспокоит, я теперь все ночи не сплю. И, признаться, я боюсь: у неё с братом какой-то странный образ мыслей, рассуждают они как-то, знаете ли, странно, и характер очень бойкий. Женишься, а потом, чего доброго, попадёшь в какую-нибудь историю.

И он не делал предложения, всё откладывал, к великой досаде директорши и всех наших дам; всё взвешивал предстоящие обязанности и ответственность, и между тем почти каждый день гулял с Варенькой, быть может, думал, что это так нужно в его положении, и приходил ко мне, чтобы поговорить о семейной жизни. И, по всей вероятности, в конце концов он сделал бы предложение и совершился бы один из тех ненужных, глупых браков, каких у нас от скуки и от нечего делать совершаются тысячи, если бы вдруг не произошёл kolossalische Skandal. Нужно сказать, что брат Вареньки, Коваленко, возненавидел Беликова с первого же дня знакомства и терпеть его не мог.

— Не понимаю, — говорил он нам, пожимая плечами, — не понимаю, как вы перевариваете этого фискала, эту мерзкую рожу. Эх, господа, как вы можете тут жить! Атмосфера у вас удушающая, поганая. Разве вы педагоги, учителя? Вы чинодралы, у вас не храм науки, а управа благочиния, и кислятиной воняет, как в полицейской будке. Нет, братцы, поживу с вами ещё немного и уеду к себе на хутор, и буду там раков ловить и хохлят учить. Уеду, а вы оставайтесь тут со своим Иудой, нехай вин лопне.

Или он хохотал, хохотал до слёз, то басом, то тонким пискливым голосом, и спрашивал меня, разводя руками:

— Шо он у меня сидить? Шо ему надо? Сидить и смотрить.

Он даже название дал Беликову «глитай абож паук». И, понятно, мы избегали говорить с ним о том, что сестра его Варенька собирается за «абож паука». И когда однажды директорша намекнула ему, что хорошо бы пристроить его сестру за такого солидного, всеми уважаемого человека, как Беликов, то он нахмурился и проворчал:

"'It's none of my business; let her marry a reptile if she likes. I don't like meddling in other people's business.'

"Now, just listen to what happened next. Some mischief-maker drew a caricature of Belikov walking along under his umbrella, with his trousers tucked into his galoshes and Varenka on his arm. Below the sketch was the caption 'Anthropos in love.' The artist had caught the expression on his face just perfectly — it was astonishing. He must have worked on this through more than one night, since all the teachers in both the boys' and girls' high-schools, as well as in the seminary, and all our government officials got a copy. Belikov got one, too. The caricature made a very painful impression on him.

"We had set out for school together; it was the first of May, a Sunday, and all of us, the boys and the teachers, had agreed to meet there and walk to a wood outside of town. When we set off, he was green around the gills and gloomier than a storm-cloud.

"'What wicked, mean people there are in this world!' he said, and his lips quivered.

"I even began to feel sorry for him. We were walking along, and all of a sudden — would you believe it? — Kovalenko came pedaling along on a bicycle, and behind him, on a bicycle as well, was Varenka, flushed and out of breath, but clearly in great good humor.

"'We are going on ahead,' she called. 'What lovely weather! Terribly, terribly lovely!'

"And they pedaled out of sight. Belikov's complexion went from green to white; he seemed frozen. He stopped walking and looked at me...

"'What is the meaning of this? I ask you!' he asked. 'Or perhaps I really did not see what I think I did? Since when has it been proper for school masters and ladies to ride bicycles?'

"'What is there improper about it?' I said. 'Why shouldn't they ride bicycles? Let them ride to their hearts' content.'

"'But how in the world can you say that?' he cried, amazed at my calm. 'Whatever are you saying?'

"And he was so shocked that he refused to go on and returned home.

"The next day he kept nervously rubbing his hands and wincing and it was evident from his face that he was really suffering. Indeed, for the first time in his life he actually went home before the school day was over. He

— Не моё это дело. Пускай она выходит хоть за гадюку, а я не люблю в чужие дела мешаться.

Теперь слушайте, что дальше. Какой-то проказник нарисовал карикатуру: идёт Беликов в калошах, в подсученных брюках, под зонтом, и с ним под руку Варенька; внизу подпись: «влюблённый антропос». Выражение схвачено, понимаете ли, удивительно. Художник, должно быть, проработал не одну ночь, так как все учителя мужской и женской гимназий, учителя семинарии, чиновники, — все получили по экземпляру. Получил и Беликов. Карикатура произвела на него самое тяжёлое впечатление.

Выходим мы вместе из дому, — это было как раз первое мая, воскресенье, и мы все, учителя и гимназисты, условились сойтись у гимназии и потом вместе идти пешком за город в рощу, — выходим мы, а он зелёный, мрачнее тучи.

— Какие есть нехорошие, злые люди! — проговорил он, и губы у него задрожали.

Мне даже жалко его стало. Идём, и вдруг, можете себе представить, катит на велосипеде Коваленко, а за ним Варенька, тоже на велосипеде, красная, заморенная, но весёлая, радостная.

— А мы, — кричит она, — вперёд едем! Уже ж такая хорошая погода, такая хорошая, что просто ужас!

И скрылись оба. Мой Беликов из зелёного стал белым и точно оцепенел. Остановился и смотрит на меня...

— Позвольте, что же это такое? — спросил он. — Или, быть может, меня обманывает зрение? Разве преподавателям гимназии и женщинам прилично ездить на велосипеде?

— Что же тут неприличного? — сказал я. — И пусть катаются себе на здоровье.

— Да как же можно? — крикнул он, изумляясь моему спокойствию. — Что вы говорите?!

И он был так поражён, что не захотел идти дальше и вернулся домой.

На другой день он всё время нервно потирал руки и вздрагивал, и было видно по лицу, что ему нехорошо. И с

ate no dinner. Towards evening he got dressed warmly, even though the weather was like summer, and dragged himself over to the Kovalenkos'. Varenka wasn't home; her brother was, however.

"'Please sit down,' Kovalenko said coldly, with a frown. He looked sleepy since he had just awoken from an after-dinner nap. He was in a very bad mood.

"After sitting in silence for ten minutes, Belikov began:

"'I have come to see you to relieve my mind. I am very, very much troubled. Some slanderer has drawn an absurd caricature of me and another individual, whom we both know well. I consider it my duty to assure you that I am no way to blame for this... I have done absolutely nothing to provide grounds for this sort of ridicule — on the contrary, I have always behaved in every respect like a complete gentleman.'

"Kovalenko just sat there, sulky and silent. Belikov waited a while and then continued quietly in a sorrowful voice.

"'There is one other thing. I have been a school master for a long time, while you have only lately entered the profession, and so I consider it my duty as your senior colleague to warn you. You have been riding a bicycle, and this kind of frivolous behavior is utterly inappropriate for an educator of youth.'

"'Why so?' asked Kovalenko in his bass voice.

"'Surely that needs no explanation, Mikhail Savich. How could it be possible you do not understand? If the teacher rides a bicycle, what can you expect the pupils to get up to? They will take to walking on their hands next! If it is not explicitly permitted by directive, then it must be considered forbidden. Yesterday, I was simply horrified! When I saw your sister, for a minute, everything actually went black before my eyes. A woman or a young lady on a bicycle — a shocking sight!'

"'What is it precisely that you want from me?'

"'All I want to do is to warn you, Mikhail Savich. You are young, you have your whole future ahead of you and you must be very, very careful about how you behave. And yet you are so negligent — so awfully negligent! You go around in an embroidered shirt; you are always carrying some kind of books around in public and now, on top of all this, there is the bicycle, too. The headmaster is sure to find out that you and your sister were riding bicycles, and then it may even reach the school superintendent... What good could possibly come of that?'

занятий ушёл, что случилось с ним первый раз в жизни. И не обедал. А под вечер оделся потеплее, хотя на дворе стояла совсем летняя погода, и поплёлся к Коваленкам. Вареньки не было дома, застал он только брата.

— Садитесь, покорнейше прошу, — проговорил Коваленко холодно и нахмурил брови; лицо у него было заспанное, он только что отдыхал после обеда и был сильно не в духе.

Беликов посидел молча минут десять и начал:

— Я к вам пришёл, чтоб облегчить душу. Мне очень, очень тяжело. Какой-то пасквилянт нарисовал в смешном виде меня и ещё одну особу, нам обоим близкую. Считаю долгом уверить вас, что я тут ни при чём... Я не подавал никакого повода к такой насмешке, — напротив же, всё время вёл себя как вполне порядочный человек.

Коваленко сидел, надувшись, и молчал. Беликов подождал немного и продолжал тихо, печальным голосом:

— И ещё я имею кое-что сказать вам. Я давно служу, вы же только ещё начинаете службу, и я считаю долгом, как старший товарищ, предостеречь вас. Вы катаетесь на велосипеде, а эта забава совершенно неприлична для воспитателя юношества.

— Почему же? — спросил Коваленко басом.

— Да разве тут надо ещё объяснять, Михаил Саввич, разве это не понятно? Если учитель едет на велосипеде, то что же остаётся ученикам? Им остаётся только ходить на головах! И раз это не разрешено циркулярно, то и нельзя. Я вчера ужаснулся! Когда я увидел вашу сестрицу, то у меня помутилось в глазах. Женщина или девушка на велосипеде — это ужасно!

— Что же собственно вам угодно?

— Мне угодно только одно — предостеречь вас, Михаил Саввич. Вы — человек молодой, у вас впереди будущее, надо вести себя очень, очень осторожно, вы же так манкируете, ох, как манкируете! Вы ходите в вышитой сорочке, постоянно на улице с какими-то книгами, а теперь вот ещё велосипед. О том, что вы и ваша сестрица катаетесь на велосипеде, узнает директор, потом дойдёт до попечителя... Что же хорошего?

"'It's no business of anybody else's if my sister and I ride bicycles!' said Kovalenko turning crimson. 'And anyone who meddles in my private life can go straight to hell!'

"Belikov turned pale and got up.

"'If you speak to me in that tone I cannot continue,' he said. 'And I beg you never to express yourself like that about our superiors in my presence. You really ought to show more respect for the authorities.'

"'What the hell have I said that is disrespectful of the authorities?' asked Kovalenko, glaring at him furiously. 'Please leave me alone. I am an honorable man, and do not care to sully myself by talking to a gentleman like you. I can't abide informers!'

"Belikov, in extreme agitation, began hurriedly putting on his coat, with an expression of horror on his face. It was the first time in his life anyone had spoken to him so rudely.

"'You can say whatever you like,' he said, going from the hall to the stairway landing. But I must warn you that there is a possibility that someone may have overheard us. So, in order to make sure that our conversation is not misinterpreted with unfortunate consequences, I shall be compelled to inform our headmaster of what was said… in general terms. I am obliged to do so."

"'Inform him? Well, damn you, go ahead and inform him!'

"Then Kovalenko seized him from behind by the collar and gave him a push, and Belikov tumbled downstairs, his galoshes banging against the steps. The staircase was high and steep, but he reached the bottom unhurt. He got up, and touched the bridge of his nose to make sure his glasses too were intact. However, just as he was falling downstairs, Varenka had come in with two other ladies and they stood and watched him. To Belikov this was the worst thing that could have happened. I believe he would rather have broken his neck or both legs than have become an object of ridicule. Why, now the whole town would hear of it; it would reach the headmaster's ears, and then the higher authorities — and something truly unfortunate might come of it! There would be another caricature, and it would all end in his being asked to resign his position . . .

"Varenka only recognized him when he had managed to stand up. Seeing his ridiculous face, his crumpled overcoat, and his galoshes, and unaware of what had happened and thinking that it had simply been an

— Что я и сестра́ ката́емся на велосипе́де, никому́ нет до э́того де́ла! — сказа́л Ковале́нко и побагрове́л. — А кто бу́дет вме́шиваться в мои́ дома́шние и семе́йные дела́, того́ я пошлю́ к чертя́м соба́чьим.

Бе́ликов побледне́л и встал.

— Е́сли вы говори́те со мной таки́м то́ном, то я не могу́ продолжа́ть, — сказа́л он. — И прошу́ вас никогда́ так не выража́ться в моём прису́тствии о нача́льниках. Вы должны́ с уваже́нием относи́ться к властя́м.

— А ра́зве я говори́л что дурно́е про власте́й? — спроси́л Ковале́нко, гля́дя на него́ со зло́бой. — Пожа́луйста, оста́вьте меня́ в поко́е. Я че́стный челове́к и с таки́м господи́ном, как вы, не жела́ю разгова́ривать. Я не люблю́ фиска́лов.

Бе́ликов не́рвно засуети́лся и стал одева́ться бы́стро, с выраже́нием у́жаса на лице́. Ведь э́то пе́рвый раз в жи́зни он слы́шал таки́е гру́бости.

— Мо́жете говори́ть, что вам уго́дно, — сказа́л он, выходя́ из пере́дней на площа́дку ле́стницы. — Я до́лжен то́лько предупреди́ть вас: быть мо́жет, нас слы́шал кто-нибудь, и, что́бы не перетолкова́ли на́шего разгово́ра и чего́-нибудь не вы́шло, я до́лжен бу́ду доложи́ть господи́ну дире́ктору содержа́ние на́шего разгово́ра... в гла́вных черта́х. Я обя́зан э́то сде́лать.

— Доложи́ть? Ступа́й, докла́дывай!

Ковале́нко схвати́л его́ сза́ди за воротни́к и пихну́л, и Бе́ликов покати́лся вниз по ле́стнице, гремя́ свои́ми кало́шами. Ле́стница была́ высо́кая, крута́я, но он докати́лся до́низу благополу́чно; встал и потро́гал себя́ за́ нос: це́лы ли очки́? Но как раз в то вре́мя, когда́ он кати́лся по ле́стнице, вошла́ Ва́ренька и с не́ю две да́мы; они́ стоя́ли внизу́ и гляде́ли — и для Бе́ликова э́то бы́ло ужа́снее всего́. Лу́чше бы, ка́жется, слома́ть себе́ ше́ю, о́бе ноги́, чем стать посме́шищем; ведь тепе́рь узна́ет весь го́род, дойдёт до дире́ктора, попечи́теля, — ах, как бы чего́ не вы́шло! — нарису́ют но́вую карикату́ру, и ко́нчится всё э́то тем, что прика́жут пода́ть в отста́вку...

Когда́ он подня́лся, Ва́ренька узна́ла его́ и, гля́дя на его́ смешно́е лицо́, помя́тое пальто́, кало́ши, не понима́я, в чём де́ло,

accident, she could not restrain herself, and burst out laughing — loud enough to be heard by the entire building,

"'Ha-ha-ha!'

"And this resounding peal of laughter, this 'ha-ha-ha' was the last straw and put an end to everything: both the proposed match and Belikov's tenure on this earth. He did not hear what Varenka said to him; he saw nothing. On reaching home, the first thing he did was to remove her portrait from the table; then he went to bed and never got up again.

"Three days later Afanasy came to me to ask whether we oughtn't to send for the doctor, as there was something the matter with his master. I went in to see Belikov. He lay silent behind his curtain, covered with a quilt. If you asked him a question, he answered 'Yes' or 'No,' but did not utter another sound. He just lay there while Afanasy, gloomy and scowling, wandered around the room, sighing heavily, and smelling like a tavern.

"A month later Belikov died. We all went to his funeral — that is, both the high schools and the seminary. Now, as he was lying in his coffin, his expression was gentle, agreeable, even cheerful, as though he were glad that he had at last been put into a case that he would never have to leave again. Yes, he had attained his ideal! And, as if in his honor, it was dull, rainy weather on the day of his funeral, and we all wore galoshes and brought our umbrellas. Varenka, too, was at the funeral, and when the coffin was lowered into the grave she burst into tears. I have noticed that Ukrainian women are always either laughing or crying — nothing in between.

"It must be acknowledged that burying people like Belikov is a great pleasure. As we were returning from the cemetery we wore humble solemn faces; since no one wanted to display this feeling of pleasure — a feeling resembling what we had experienced long, long ago as children when our elders had gone out and we could run around the garden for an hour or two, enjoying complete freedom. Ah, freedom, freedom! The merest hint, the faintest hope of its possibility gives wings to the soul, does it not?

"We returned from the cemetery in high humor. But after no more than a week life returned to its previous routine, the same gloomy, oppressive, and senseless life, a life not prohibited by directive, and yet not expressly permitted. In short, things were no better. Indeed, why should they have

полагая, что это он упал сам нечаянно, не удержалась и захохотала на весь дом:

— Ха-ха-ха!

И этим раскатистым, заливчатым «ха-ха-ха» завершилось всё: и сватовство, и земное существование Беликова. Уже он не слышал, что говорила Варенька, и ничего не видел. Вернувшись к себе домой, он прежде всего убрал со стола портрет, а потом лёг и уже больше не вставал.

Дня через три пришёл ко мне Афанасий и спросил, не надо ли послать за доктором, так как-де с барином что-то делается. Я пошёл к Беликову. Он лежал под пологом, укрытый одеялом, и молчал; спросишь его, а он только да или нет — и больше ни звука. Он лежит, а возле бродит Афанасий, мрачный, нахмуренный, и вздыхает глубоко; а от него водкой, как из кабака.

Через месяц Беликов умер. Хоронили мы его все, то есть обе гимназии и семинария. Теперь, когда он лежал в гробу, выражение у него было кроткое, приятное, даже весёлое, точно он был рад, что наконец его положили в футляр, из которого он уже никогда не выйдет. Да, он достиг своего идеала! И как бы в честь его во время похорон была пасмурная, дождливая погода, и все мы были в калошах и с зонтами. Варенька тоже была на похоронах и, когда гроб опускали в могилу, всплакнула. Я заметил, что хохлушки только плачут или хохочут, среднего же настроения у них не бывает.

Признаюсь, хоронить таких людей, как Беликов, это большое удовольствие. Когда мы возвращались с кладбища, то у нас были скромные постные физиономии; никому не хотелось обнаружить этого чувства удовольствия, — чувства, похожего на то, какое мы испытывали давно-давно, ещё в детстве, когда старшие уезжали из дому и мы бегали по саду час-другой, наслаждаясь полною свободой. Ах, свобода, свобода! Даже намёк, даже слабая надежда на её возможность даёт душе крылья, не правда ли?

Вернулись мы с кладбища в добром расположении. Но прошло не больше недели, и жизнь потекла по-прежнему, такая же суровая, утомительная, бестолковая, жизнь, не запрещённая циркулярно, но и не разрешённая вполне; не стало лучше. И в самом деле,

been? Although we had buried Belikov, how many other men in cases were still left, and how many others are still to come!"

"That's the whole problem," said Ivan Ivanich as he lit his pipe.

"How many more of them are still to come!" repeated Burkin.

The schoolmaster came out of the barn. He was a short, stout man, completely bald, with a black beard down to his waist. The hunting two dogs came out with him.

"What a moon!" he said, looking upwards.

It was midnight. To the right you could see the whole village, a long street stretching away three miles into the distance. Everything was shrouded in deep silent slumber; not a movement, not a sound. It was hard to believe that nature could be so still. When on a moonlight night you see a broad village street, with its cottages, haystacks, and slumbering willows, a quiet mood comes over you. In this peace, the night shadows shelter you from toil, care and sorrow, and the street is gentle, melancholy and beautiful. Even the stars seem to look down kindly and tenderly as if there is no evil on earth and all is well. To the left it was all open fields starting from the edge of the village. You could see a long distance—to the horizon. And throughout the whole expanse of the fields, bathed in moonlight, there was no movement, no sound.

"Yes, that's the whole problem," repeated Ivan Ivanich; "and isn't the fact that we choose to live in the stuffy and crowded town, that we write useless papers, that we play Whist — aren't all those things also a a sort of case? And the fact that we spend our whole lives among useless, superficial, contentious men and silly, idle women, that we talk and listen to all sorts of nonsense — isn't that also a kind of case, too? If you like, I will tell you another very edifying story."

"No, not now; it's time to sleep," said Burkin. "You can tell me tomorrow."

They went into the barn and lay down on the hay. They had both covered themselves and were beginning to doze when they suddenly heard light footsteps — patter, patter... Some one was walking around not far from the barn, walking for a while, then stopping, and a minute later, patter, patter again... The dogs began to growl.

"That's Mavra," said Burkin.

The footsteps died away.

Бе́ликова похорони́ли, а ско́лько ещё таки́х челове́ков в футля́ре оста́лось, ско́лько их ещё бу́дет!

— То-то вот оно́ и есть, — сказа́л Ива́н Ива́ныч и закури́л тру́бку.

— Ско́лько их ещё бу́дет! — повтори́л Бу́ркин.

Учи́тель гимна́зии вы́шел из сара́я. Э́то был челове́к небольшо́го ро́ста, то́лстый, соверше́нно лы́сый, с чёрной бородо́й чуть не по по́яс; и с ним вы́шли две соба́ки.

— Луна́-то, луна́! — сказа́л он, гля́дя вверх.

Была́ уже́ по́лночь. Напра́во ви́дно бы́ло всё село́, дли́нная у́лица тяну́лась далеко́, вёрст на пять. Всё бы́ло погружено́ в ти́хий, глубо́кий сон; ни движе́ния, ни зву́ка, да́же не ве́рится, что в приро́де мо́жет быть так ти́хо. Когда́ в лу́нную ночь ви́дишь широ́кую се́льскую у́лицу с её и́збами, стога́ми, усну́вшими и́вами, то на душе́ стано́вится ти́хо; в э́том своём поко́е, укры́вшись в ночны́х теня́х от трудо́в, забо́т и го́ря, она́ кротка́, печа́льна, прекра́сна, и ка́жется, что и звёзды смо́трят на неё ла́сково и с умиле́нием и что зла уже́ нет на земле́ и всё благополу́чно. Нале́во с кра́я села́ начина́лось по́ле; оно́ бы́ло ви́дно далеко́, до горизо́нта, и во всю ширь э́того по́ля, за́литого лу́нным све́том, то́же ни движе́ния, ни зву́ка.

— То-то вот оно́ и есть, — повтори́л Ива́н Ива́ныч. — А ра́зве то, что мы живём в го́роде в духоте́, в тесноте́, пи́шем нену́жные бума́ги, игра́ем в винт — ра́зве э́то не футля́р? А то, что мы прово́дим всю жизнь среди́ безде́льников, сутя́г, глу́пых, пра́здных же́нщин, говори́м и слу́шаем ра́зный вздор — ра́зве э́то не футля́р? Вот е́сли жела́ете, то я расскажу́ вам одну́ о́чень поучи́тельную исто́рию.

— Нет, уж пора́ спать, — сказа́л Бу́ркин. — До за́втра!

О́ба пошли́ в сара́й и легли́ на се́не. И уже́ о́ба укры́лись и задрема́ли, как вдруг послы́шались лёгкие шаги́: туп, туп... Кто-то ходи́л недалеко́ от сара́я; пройдёт немно́го и остано́вится, а че́рез мину́ту опя́ть: туп, туп... Соба́ки заворча́ли.

— Э́то Ма́вра хо́дит, — сказа́л Бу́ркин.

Шаги́ зати́хли.

"They're telling lies all around us," said Ivan Ivanich, turning over, "And they call you a fool for putting up with their lying. You endure insult and humiliation and dare not openly say that you are on the side of the honest and the free, and you yourself begin to lie and smile; and all this just for the sake of a crust of bread, a warm corner or a wretched, worthless paltry rank in the civil service. No, I can't go on living like this."

"Now, that is a whole different matter, Ivan Ivanich," said the schoolmaster. "But let us go to sleep now!"

And ten minutes later Burkin was asleep. But Ivan Ivanich kept sighing and tossing from side to side. Finally, he got up, went outside again, and, sitting in the doorway, once more lit his pipe.

First published in Russian: 1898
Retranslation by Lydia Razran-Stone,
based on the Constance Garnett translation.

— Видеть и слышать, как лгут, — проговорил Иван Иваныч, поворачиваясь на другой бок, — и тебя же называют дураком за то, что ты терпишь эту ложь; сносить обиды, унижения, не сметь открыто заявить, что ты на стороне честных, свободных людей, и самому лгать, улыбаться, и всё это из-за куска хлеба, из-за тёплого угла, из-за какого-нибудь чинишка, которому грош цена, — нет, больше жить так невозможно!

— Ну, уж это вы из другой оперы, Иван Иваныч, — сказал учитель. — Давайте спать.

И минут через десять Буркин уже спал. А Иван Иваныч всё ворочался с боку на бок и вздыхал, а потом встал, опять вышел наружу и, севши у дверей, закурил трубочку.

1898

Gooseberries
Anton Chekhov

Since early morning the whole sky had been filled with rain clouds. The day was still, not hot and tedious, as it is in gray, overcast weather, when the clouds have been hanging over the fields for a long time, and you expect rain, but none comes. Ivan Ivanych, a veterinarian, and Burkin, a high-school teacher, were tired from walking. The fields seemed to stretch around them in an endless expanse. Far ahead of them they could just see the mills of the village of Mironositskoye. On the right behind the village there was a row of hills disappearing into the distance. They both knew that these hills marked the bank of the river, where there were meadows, green willows, and estates and that if you were to stand on one of these hills you could see a vast field and running through it the telegraph line and a train, which from a distance resembled a crawling caterpillar. Why, in clear weather you could even see the town from one of those hills. Now, in this still weather, when all of nature appeared gentle and pensive, both Ivan Ivanych and Burkin were filled with love for this landscape, and both were thinking how great and beautiful their country was.

"Last time we were in Prokofy's barn," said Burkin, "you were about to tell me a story."

"That's right; I was going to to tell you about my brother."

Ivan Ivanych heaved a long sigh and lit his pipe to prepare for a long speech, but, just at that moment, the rain began. And five minutes later

Крыжо́вник
Анто́н Че́хов

Ещё с ра́ннего утра́ всё не́бо обложи́ли дождевы́е ту́чи; бы́ло ти́хо, не жа́рко и ску́чно, как быва́ет в се́рые па́смурные дни, когда́ над по́лем давно́ уже́ нави́сли ту́чи, ждёшь дождя́, а его́ нет. Ветерина́рный врач Ива́н Ива́ныч и учи́тель гимна́зии Бу́ркин уже́ утоми́лись идти́, и по́ле представля́лось им бесконе́чным. Далеко́ впереди́ е́ле бы́ли видны́ ветряны́е ме́льницы села́ Мироноси́цкого, спра́ва тяну́лся и пото́м исчеза́л далеко́ за село́м ряд холмо́в, и о́ба они́ зна́ли, что э́то бе́рег реки́, там луга́, зелёные и́вы, уса́дьбы, и е́сли стать на оди́н из холмо́в, то отту́да ви́дно тако́е же грома́дное по́ле, телегра́ф и по́езд, кото́рый и́здали похо́ж на ползу́щую гу́сеницу, а в я́сную пого́ду отту́да быва́ет ви́ден да́же го́род. Тепе́рь, в ти́хую пого́ду, когда́ вся приро́да каза́лась кро́ткой и заду́мчивой, Ива́н Ива́ныч и Бу́ркин бы́ли прони́кнуты любо́вью к э́тому по́лю и о́ба ду́мали о том, как велика́, как прекра́сна э́та страна́.

— В про́шлый раз, когда́ мы бы́ли в сара́е у ста́росты Проко́фия, — сказа́л Бу́ркин, — вы собира́лись рассказа́ть каку́ю-то исто́рию.

— Да, я хоте́л тогда́ рассказа́ть про своего́ бра́та.

Ива́н Ива́ныч протя́жно вздохну́л и закури́л тру́бочку, что́бы нача́ть расска́зывать, но как раз в э́то вре́мя пошёл дождь. И мину́т че́рез пять лил уже́ си́льный дождь, обложно́й, и тру́дно бы́ло предви́деть, когда́ он ко́нчится. Ива́н Ива́ныч и Бу́ркин

it was already pouring steadily and who could tell when it would stop. Ivan Ivanych and Burkin stopped to think what to do; the dogs, already drenched, stood with their tails between their legs gazing at the two men adoringly.

"We must take shelter somewhere," said Burkin. "Let's go to Alyokhin's, it's close by."

"All right, let's go."

They turned aside and started walking through the mown fields, first going straight ahead, and then turning right, until they came out on the road. Soon they saw poplars and an orchard, then the red roofs of barns; then a glimpse of the river, and then finally the view opened on to a broad millpond with a mill and a white bathhouse: this was Sofino, where Alyokhin lived.

The mill wheel was turning, drowning out the sound of the rain; the dam shook. Rain-soaked horses with lowered heads were standing near their carts, and men were walking around holding sacks over themselves to keep out the rain. It was damp, muddy, and unwelcoming. This stretch of the river looked cold and forbidding. By this time, Ivan Ivanych and Burkin were feeling wet, dirty and uncomfortable all over. Their feet were heavy with mud, and as they crossed the dam and walked up to the estate barns, they were silent, as though they had stopped speaking out of anger.

They could hear the sound of a winnowing machine coming from one of the barns; its door was open, and clouds of dust were billowing out. In the doorway stood Alyokhin himself, a man of forty, tall and stout, with long hair, resembling a professor or an artist more than a landowner. He had on a white shirt badly in need of washing, belted with a rope, and long johns instead of trousers. His boots were plastered with mud and straw and his eyes and nose were black with dust. He recognized Ivan Ivanych and Burkin, and appeared delighted to see them.

"Go into the house, gentlemen," he said, smiling; "I'll be there directly, this minute."

It was a large two-story house. Alyokhin lived on the lower story, in the two rooms once inhabited by the estate bailiffs. This part of the house had arched ceilings and only small windows. It was very plainly furnished and smelled of rye bread, cheap vodka, and leather horse tackle. He rarely went into the best rooms upstairs, only when visitors came. At the house, Ivan

остановились в раздумье; собаки, уже мокрые, стояли, поджав хвосты, и смотрели на них с умилением.

— Нам нужно укрыться куда-нибудь, — сказал Буркин. — Пойдёмте к Алёхину. Тут близко.

— Пойдёмте.

Они свернули в сторону и шли всё по скошенному полю, то прямо, то забирая направо, пока не вышли на дорогу. Скоро показались тополи, сад, потом красные крыши амбаров; заблестела река, и открылся вид на широкий плёс с мельницей и белою купальней. Это было Софьино, где жил Алёхин.

Мельница работала, заглушая шум дождя; плотина дрожала. Тут около телег стояли мокрые лошади, понурив головы, и ходили люди, накрывшись мешками. Было сыро, грязно, неуютно, и вид у плёса был холодный, злой. Иван Иваныч и Буркин испытывали уже чувство мокроты, нечистоты, неудобства во всём теле, ноги отяжелели от грязи, и когда, пройдя плотину, они поднимались к господским амбарам, то молчали, точно сердились друг на друга.

В одном из амбаров шумела веялка; дверь была открыта, и из неё валила пыль. На пороге стоял сам Алёхин, мужчина лет сорока, высокий, полный, с длинными волосами, похожий больше на профессора или художника, чем на помещика. На нём была белая, давно не мытая рубаха с верёвочным пояском, вместо брюк кальсоны, и на сапогах тоже налипли грязь и солома. Нос и глаза были черны от пыли. Он узнал Ивана Иваныча и Буркина и, по-видимому, очень обрадовался.

— Пожалуйте, господа, в дом, — сказал он, улыбаясь. — Я сейчас, сию минуту.

Дом был большой, двухэтажный. Алёхин жил внизу, в двух комнатах со сводами и с маленькими окнами, где когда-то жили приказчики; тут была обстановка простая, и пахло ржаным хлебом, дешёвою водкой и сбруей. Наверху же, в парадных комнатах, он бывал редко, только когда приезжали гости. Ивана Иваныча и Буркина встретила в доме горничная, молодая женщина, такая красивая, что они оба разом остановились и поглядели друг на друга.

Ivanych and Burkin were met by a maid-servant, a young woman so beautiful that they both stopped in their tracks and exchanged a glance.

"You can't imagine how happy I am to see you, my friends," said Alyokhin, following them into the front hall. "What a great surprise! Pelagea," he said, addressing the girl, "bring our guests some dry clothes to change into. And I really ought to change too. Only first I ought to go and have a wash; as far as I can remember, I haven't washed thoroughly since spring. Wouldn't you like to join me in the bathhouse? While we're there they'll be making us something to eat in the kitchen."

The lovely Pelagea, who looked very delicate and very soft, brought them towels and soap, and Alyokhin and his guests went into the bathhouse.

"Yes, it has been long time since I had a wash," he said, undressing. "I have this nice bathhouse, as you can see — my father built it — but I somehow never have time to wash."

He sat down on the ledge and soaped his long hair and his neck, and the water round him turned brown.

"So I see," said Ivan Ivanych pointedly, looking at his head.

"It's a long time since I washed..." repeated Alyokhin, embarrassed, soaping himself again. This time the water near him turned dark blue, like ink.

Ivan Ivanych went outside, jumped into the water with a loud splash, and swam in the rain. He thrashed with his arms, making waves, which set the white waterlilies bobbing up and down. He swam to the very middle of the millpond and kept diving and coming up a minute later in another place, evidently trying to touch the bottom.

"Oh, my God!" he repeating, enjoying himself "Oh, my God!" He swam over to the mill, chatted with some peasants there, then returned and floated on his back in the middle of the pond with his face to the rain. Burkin and Alyokhin were dressed and all ready to go, but he continued to swim and dive.

"Oh, my God!." he said. "Lord, have mercy!"

"That's enough, already!" Burkin shouted to him.

They went back to the house. The lamp had been lit in the big upstairs drawing-room, and Burkin and Ivan Ivanych, dressed in silk dressing-gowns and warm slippers, were sitting in armchairs; while Alyokhin, washed and combed, in a new frock coat, paced around the drawing-room,

— Вы не можете себе представить, как я рад видеть вас, господа, — говорил Алёхин, входя за ними в переднюю. — Вот не ожидал! Пелагея, — обратился он к горничной, — дайте гостям переодеться во что-нибудь. Да кстати и я переоденусь. Только надо сначала пойти помыться, а то я, кажется, с весны не мылся. Не хотите ли, господа, пойти в купальню, а тут пока приготовят.

Красивая Пелагея, такая деликатная и на вид такая мягкая, принесла простыни и мыло, и Алёхин с гостями пошёл в купальню.

— Да, давно я уже не мылся, — говорил он, раздеваясь. — Купальня у меня, как видите, хорошая, отец ещё строил, но мыться как-то всё некогда.

Он сел на ступеньке и намылил свои длинные волосы и шею, и вода около него стала коричневой.

— Да, признаюсь... — проговорил Иван Иваныч значительно, глядя на его голову.

— Давно я уже не мылся... — повторил Алёхин конфузливо и ещё раз намылился, и вода около него стала тёмно-синей, как чернила.

Иван Иваныч вышел наружу, бросился в воду с шумом и поплыл под дождём, широко взмахивая руками, и от него шли волны, и на волнах качались белые лилии; он доплыл до самой середины плёса и нырнул, и через минуту показался на другом месте и поплыл дальше, и всё нырял, стараясь достать дна. «Ах, боже мой... — повторял он, наслаждаясь. — Ах, боже мой...» Доплыл до мельницы, о чём-то поговорил там с мужиками и повернул назад, и на середине плёса лёг, подставляя своё лицо под дождь. Буркин и Алёхин уже оделись и собрались уходить, а он всё плавал и нырял.

— Ах, боже мой... — говорил он. — Ах, господи помилуй.

— Будет вам! — крикнул ему Буркин.

Вернулись в дом. И только когда в большой гостиной наверху зажгли лампу, и Буркин и Иван Иваныч, одетые в шёлковые халаты и тёплые туфли, сидели в креслах, а сам Алёхин, умытый, причёсанный, в новом сюртуке, ходил по гостиной,

evidently enjoying the unaccustomed feeling of warmth, cleanliness, dry clothes, and light shoes. It was only after the lovely Pelagea, walking noiselessly on the carpet and smiling sweetly, had served them tea and jam on a tray — that Ivan Ivanych began to tell his story. And it seemed as though Burkin and Alyokhin were not the only listeners. The ladies and officers, young and old, who gazed down sternly and calmly from their gold frames on the wall seemed to be listening too.

"There were two of us," he began —"I, Ivan Ivanych, and my brother, Nikolay Ivanych, two years younger. I chose science and became a veterinarian, but my brother sat in a government office from the time he was nineteen. Our father, Chimsha-Gimalaysky came from a line of common soldiers, but he had risen through the ranks to be an officer. From him we inherited his newly won membership in the nobility and a small, poor estate, which, after his death was confiscated to pay off debts and legal expenses. However it had served its purpose, allowing us to spend our childhood in the freedom of the country. Like peasant children, we passed our days and nights in the fields and the woods, attending to the horses, stripping bark off trees to make shoes, fishing, and so on. And, you know, once someone, even a single time in his life has caught a perch or seen the thrushes migrating in autumn, watched the flocks gliding over the village on bright, cool days, he will never make a real townsman. He will yearn for the freedom and space of the country until the day he dies. My brother was miserable in the government office. As years passed and he sat in the same place, copying the same papers, he kept dreaming of just one thing — if only he could live in the country. And gradually this longing grew into a definite desire, into the plan to buy a little farm, a country estate somewhere on the banks of a river or a lake.

"He was a an unassuming, good-hearted fellow, and I was very fond of him, but I never really sympathized with his desire to shut himself up for the rest of his life on his own little country estate. They say that all a man needs is three *arshins* of earth.[7] But that pertains to a corpse, not a living man. And now they have also begun to say that if our intellectual classes are attracted to the land and yearn to return to the county, that is a good thing. But these country estates are really nothing more than these same three *arshins* of earth. To retreat from the city, from struggle, from the noise and bustle of life, to retreat and bury oneself on a country estate — that isn't life,

видимо, с наслаждением ощущая тепло, чистоту, сухое платье, лёгкую обувь, и когда красивая Пелагея, бесшумно ступая по ковру и мягко улыбаясь, подавала на подносе чай с вареньем, только тогда Иван Иваныч приступил к рассказу, и казалось, что его слушали не один только Буркин и Алёхин, но также старые и молодые дамы и военные, спокойно и строго глядевшие из золотых рам.

— Нас два брата, — начал он, — я, Иван Иваныч, и другой — Николай Иваныч, года на два помоложе. Я пошёл по учёной части, стал ветеринаром, а Николай уже с девятнадцати лет сидел в казённой палате. Наш отец Чимша-Гималайский был из кантонистов, но, выслужив офицерский чин, оставил нам потомственное дворянство и именьишко. После его смерти именьишко у нас оттягали за долги, но, как бы ни было, детство мы провели в деревне на воле. Мы, всё равно как крестьянские дети, дни и ночи проводили в поле, в лесу, стерегли лошадей, драли лыко, ловили рыбу, и прочее тому подобное... А вы знаете, кто хоть раз в жизни поймал ерша или видел осенью перелётных дроздов, как они в ясные, прохладные дни носятся стаями над деревней, тот уже не городской житель, и его до самой смерти будет потягивать на волю. Мой брат тосковал в казённой палате. Годы проходили, а он всё сидел на одном месте, писал всё те же бумаги и думал всё об одном и том же, как бы в деревню. И эта тоска у него мало-помалу вылилась в определённое желание, в мечту купить себе маленькую усадебку где-нибудь на берегу реки или озера.

Он был добрый, кроткий человек, я любил его, но этому желанию запереть себя на всю жизнь в собственную усадьбу я никогда не сочувствовал. Принято говорить, что человеку нужно только три аршина земли. Но ведь три аршина нужны трупу, а не человеку. И говорят также теперь, что если наша интеллигенция имеет тяготение к земле и стремится в усадьбы, то это хорошо. Но ведь эти усадьбы те же три аршина земли. Уходить из города, от борьбы, от житейского шума, уходить и прятаться у себя в усадьбе — это не жизнь, это эгоизм, лень,

it's egoism, laziness, monasticism of a sort, but monasticism without self-denial. What a man needs, is neither three *arshins* of earth nor a country estate, but the whole globe, all of nature, where he will have the space to manifest all the aspects of his unique and free spirit.

"My brother, Nikolay, sitting in his government office, dreamed of how he would eat soup made from his own cabbages, which would fill the whole yard with a mouthwatering smell, how he would dine outside, sitting on the green grass, sleep in the sun, sit for whole hours on the bench outside his gate, gazing at the fields and the forest. Pamplets on agriculture and the hints in the farmers' almanac were his delight, his favorite spiritual sustenance. He liked to read the papers too, but only the advertisements selling so many acres of arable land and meadows, complete with estate buildings, a river, an orchard, a mill and millpond. And in his imagination he pictured the path leading to the orchard, flowers and fruit, birdhouses, a pond stocked with carp , and all that stuff, you know what I mean. Each of these imaginary pictures was different, depending on the last ad he had come across, but, for some reason, every single one of them included gooseberry bushes. He could not imagine the farm of his dreams, could not picture an idyllic country retreat, without gooseberries.

"'Country life has its own particular pleasures,' he would sometimes say. 'You sit on the verandah and drink tea, and there on the pond your very own ducks are swimming, there is a wonderful smell everywhere, and... and the gooseberries are growing.'

"He used to draw maps of his imagined property, and every one of them showed the same things — (a) the main house, (b) the servants' quarters, (c) a kitchen-garden, (d) gooseberry-bushes. He lived frugally, stinting himself on food and drink. His clothes were impossible, like those of a beggar, but he kept on saving money and putting it in the bank. He grew horribly cheap. I could not bear to look at him, and I used to give him money and send him something for the holidays, but whatever I sent he stashed away. Once a man gives himself over to an idea like that, there is no doing anything with him.

"Years passed: he was transferred to another province. He was over forty, and he was still reading advertisements in the papers and saving his money. Then I heard he had gotten married. But it was only in aid of this same purpose of being able to buy a farm with gooseberries. He had mar-

ANTON CHEKHOV

это своего рода монашество, но монашество без подвига. Человеку нужно не три аршина земли, не усадьба, а весь земной шар, вся природа, где на просторе он мог бы проявить все свойства и особенности своего свободного духа.

Брат мой Николай, сидя у себя в канцелярии, мечтал о том, как он будет есть свои собственные щи, от которых идёт такой вкусный запах по всему двору, есть на зелёной травке, спать на солнышке, сидеть по целым часам за воротами на лавочке и глядеть на поле и лес. Сельскохозяйственные книжки и всякие эти советы в календарях составляли его радость, любимую духовную пищу; он любил читать и газеты, но читал в них одни только объявления о том, что продаются столько-то десятин пашни и луга с усадьбой, рекой, садом, мельницей, с проточными прудами. И рисовались у него в голове дорожки в саду, цветы, фрукты, скворечни, караси в прудах и, знаете, всякая эта штука. Эти воображаемые картины были различны, смотря по объявлениям, которые попадались ему, но почему-то в каждой из них непременно был крыжовник. Ни одной усадьбы, ни одного поэтического угла он не мог себе представить без того, чтобы там не было крыжовника.

— Деревенская жизнь имеет свои удобства, — говорил он, бывало. — Сидишь на балконе, пьёшь чай, а на пруде твои уточки плавают, пахнет так хорошо и... и крыжовник растёт.

Он чертил план своего имения, и всякий раз у него на плане выходило одно и то же: a) барский дом, b) людская, c) огород, d) крыжовник. Жил он скупо: недоедал, недопивал, одевался бог знает как, словно нищий, и всё копил и клал в банк. Страшно жадничал. Мне было больно глядеть на него, и я кое-что давал ему и посылал на праздниках, но он и это прятал. Уж коли задался человек идеей, то ничего не поделаешь.

Годы шли, перевели его в другую губернию, минуло ему уже сорок лет, а он всё читал объявления в газетах и копил. Потом, слышу, женился. Всё с той же целью, чтобы купить себе усадьбу с крыжовником, он женился на

ried an elderly and ugly widow without having a trace of feeling for her, simply because she had a bit of money. He went on scrimping and saving after they were married, and kept her on short rations, while he put her money in the bank in his name.

"Her first husband had been a postmaster, and she had grown accustomed to rich pies and sweet liqueurs, but my brother fed her on black bread, and not enough of that. She began to to waste away from living like this, and three years later she up and passed on. And, I need hardly say, that not for a single moment did my brother ever entertain the idea that he was responsible for her death. Money, like vodka, makes a man do outlandish things. There was a merchant in our town who, right before he died, asked for a bowl of honey, coated his money and lottery tickets with it and swallowed them down—just to prevent anyone else from getting a hold of them. Once when I was inspecting cattle at the railway-station, a cattle-dealer fell under the engine and his leg got cut off. We carried him into the waiting room; the blood was flowing — it was ghastly — but he kept asking them to find his leg for him. He kept fretting about it; you see he had stashed twenty rubles in the boot he wore on that leg , and he wanted to make sure he got them back."

"You're getting sidetracked," said Burkin.

"After his wife's death," Ivan Ivanych continued after thinking for a few seconds, "my brother began looking around in earnest for an estate to buy. Of course, you can look around for five years and yet end up making a mistake — buying something that doesn't resemble your dream at all. Finally, through an agent, Nikolay bought a mortgaged estate of three hundred and thirty acres. It indeed had a main house, servants' quarters, and landscaped grounds, but no orchard, no gooseberry-bushes, and no duck-pond. True, there was a river, but the water in it was the color of coffee, because the estate was sandwiched between a a brickyard and a bonemeal plant. But this did not grieve Nikolay Ivanych all that much; he ordered twenty gooseberry-bushes, planted them, and started living the life of a country gentleman.

"Last year I went to visit him. "I'll just drop in and see what it's like,' I thought. In his letters my brother referred to his estate as 'Chumbaroklov Heath, aka Gimalayskoye.' I reached 'aka Gimalayskoye' in the heat of the afternoon. There were irrigation ditches, fences, hedges, rows of fir trees

старой, некрасивой вдове, без всякого чувства, а только потому, что у неё водились деньжонки. Он и с ней тоже жил скупо, держал её впроголодь, а деньги её положил в банк на своё имя. Раньше она была за почтмейстером и привыкла у него к пирогам и к наливкам, а у второго мужа и хлеба чёрного не видала вдоволь; стала чахнуть от такой жизни да года через три взяла и отдала богу душу. И конечно брат мой ни одной минуты не подумал, что он виноват в её смерти. Деньги, как водка, делают человека чудаком. У нас в городе умирал купец. Перед смертью приказал подать себе тарелку мёду и съел все свои деньги и выигрышные билеты вместе с мёдом, чтобы никому не досталось. Как-то на вокзале я осматривал гурты, и в это время один барышник попал под локомотив и ему отрезало ногу. Несём мы его в приёмный покой, кровь льёт — страшное дело, а он всё просит, чтобы ногу его отыскали, и всё беспокоится; в сапоге на отрезанной ноге двадцать рублей, как бы не пропали.

— Это вы уж из другой оперы, — сказал Буркин.

— После смерти жены, — продолжал Иван Иваныч, подумав полминуты, — брат мой стал высматривать себе имение. Конечно, хоть пять лет высматривай, но всё же в конце концов ошибёшься и купишь совсем не то, о чём мечтал. Брат Николай через комиссионера, с переводом долга, купил сто двенадцать десятин с барским домом, с людской, с парком, но ни фруктового сада, ни крыжовника, ни прудов с уточками; была река, но вода в ней цветом как кофе, потому что по одну сторону имения кирпичный завод, а по другую — костопальный. Но мой Николай Иваныч мало печалился; он выписал себе двадцать кустов крыжовника, посадил и зажил помещиком.

В прошлом году я поехал к нему проведать. Поеду, думаю, посмотрю, как и что там. В письмах своих брат называл своё имение так: Чумбароклова Пустошь, Гималайское тож. Приехал я в «Гималайское тож» после полудня. Было жарко. Везде канавы, заборы, изгороди,

everywhere, and it was hard to figure out how to get into the yard and where to leave one's horse. I went up to the house and was greeted by a fat, reddish dog that looked more like a pig. He seemed to want to bark at me, but in the end was too lazy. My brother's cook, a fat, barelegged woman, also resembling a pig, emerged from the kitchen. She said that her master was taking a rest after dinner and I went to the bedroom to see him. He was sitting up in bed with a quilt over his knees. He had aged, and grown fat and flabby. His cheeks, nose, and mouth all seemed to be protruding from his face — he looked as though he might begin grunting into the quilt at any moment.

"We embraced each other and shed tears from joy and from sadness at the thought that we both had been young but now were gray and would soon die. He got dressed, and led me out to show me the estate.

"'Well, how's life treating you here?' I asked.

"'Oh, all right, God be thanked; it's treating me very well.'

"He was no longer a pathetic timid clerk, but a real landowner, a country gentleman. He was already fully at home in his new life; he had taken to it like a duck to water. He was eating a great deal, bathing in the bath house, and growing fat. He was already involved in land disputes with the local village commune and the factories on both sides of him; he already became terribly offended when the peasants failed to call him "your honor." He had begun to concern himself with his immortal soul in the manner of well-to-do gentlemen and did 'good works,' though he didn't simply do good works, but performed them as his duty as a man of property. What were they, these good works? Well, he dosed the sick peasants, no matter what their illness, with bicarbonate and castor oil, and on his name day he commissioned prayers of gratitude in the village, and then provided the villagers with a half-*vedro*[23] of vodka, thinking this was the thing to do. Oh, those ghastly half-*vedros*! One day a fat landowner hauls the peasants off to the sheriff because their cattle trampled his crops, and next day, to celebrate some holiday, he treats them to a half-*vedro* of vodka, and they drink and shout 'Hurrah!' and, when they are good and drunk, they bow down to the ground before him. For the average Russian, an improvement in living standard gives rise to the most arrogant conceit. Nikolay Ivanych, who, when he worked at the government office, hadn't dared to have a single opinion of his own, now thought that everything he said was was nothing

понасажены рядами ёлки, — и не знаешь, как проехать во двор, куда поставить лошадь. Иду к дому, а навстречу мне рыжая собака, толстая, похожая на свинью. Хочется ей лаять, да лень. Вышла из кухни кухарка, голоногая, толстая, тоже похожая на свинью, и сказала, что барин отдыхает после обеда. Вхожу к брату, он сидит в постели, колени покрыты одеялом; постарел, располнел, обрюзг; щёки, нос и губы тянутся вперёд, — того и гляди, хрюкнет в одеяло.

Мы обнялись и всплакнули от радости и от грустной мысли, что когда-то были молоды, а теперь оба седы и умирать пора. Он оделся и повёл меня показывать своё имение.

— Ну, как ты тут поживаешь? — спросил я.

— Да ничего, слава богу, живу хорошо.

Это уж был не прежний робкий бедняга-чиновник, а настоящий помещик, барин. Он уж обжился тут, привык и вошёл во вкус; кушал много, в бане мылся, полнел, уже судился с обществом и с обоими заводами и очень обижался, когда мужики не называли его «ваше высокоблагородие». И о душе своей заботился солидно, по-барски, и добрые дела творил не просто, а с важностью. А какие добрые дела? Лечил мужиков от всех болезней содой и касторкой и в день своих именин служил среди деревни благодарственный молебен, а потом ставил полведра, думал, что так нужно. Ах, эти ужасные полведра! Сегодня толстый помещик тащит мужиков к земскому начальнику за потраву, а завтра, в торжественный день, ставит им полведра, а они пьют и кричат ура, и пьяные кланяются ему в ноги. Перемена жизни к лучшему, сытость, праздность развивают в русском человеке самомнение, самое наглое. Николай Иваныч, который когда-то в казённой палате боялся даже для себя лично иметь собственные взгляды, теперь говорил одни только истины, и таким тоном, точно министр: «Образование необходимо, но для народа оно

less than the gospel truth, and he delivered his opinions in the tones of a government minister: 'Education is essential, but for our peasants it is premature.' 'Corporal punishment is harmful as a rule, but in some cases it is necessary and there is no substitute for it.'

"'I understand our peasants and I know how to deal with them,' he would say. 'The peasants like me. All I need to do is crook my finger, and they'll do whatever I want them to.'

"And all this, please note, was uttered with a wise, benevolent smile. He would repeat over and over, phrases of the type 'We noblemen,' 'I, as a noble,' evidently having forgotten that that our grandfather had been a peasant, and our father a common soldier. Even our ridiculous surname, Chimsha-Gimalaysky, now seemed to him resonant, distinguished, and very pleasant to the ear.

"But what I wanted to talk about was not him so much, but me, myself. I want to tell you about the change that took place in me during the brief hours I spent at his country place. In the evening, when we were drinking tea, the cook brought us a whole bowl full of gooseberries. These had not been bought somewhere, but were my brother's own gooseberries, the very first harvest since his bushes were planted. Nikolay Ivanych began to laugh and for a moment gazed at the gooseberries in silence with tears in his eyes; he could not speak for emotion. Then he put one gooseberry in his mouth, looked at me with the triumph of a child who has at last managed to get hold of the toy of his dreams, and said:

"'How delicious!'

"And he ate them greedily, continually repeating, 'Ah, how delicious! Do try some!'

"They were hard and sour, but, as Pushkin says, 'falsehood that uplifts us is dearer than a host of truths.' I was looking at a happy man, whose cherished dream had incontrovertibly come true, who had achieved his goal in life, who had gotten what he wanted, who was completely satisfied with his fate and with himself. For some reason, my thinking about human happiness has always contained an element of melancholy; and now, at the sight of this completely happy man, I was overcome by a painful emotion, close to despair. I passed an awful night. My bed had been made up in the room next to my brother's bedroom, and I could hear that he was wakeful, and kept getting out of bed and walking over to the bowl

преждевре́менно», «теле́сные наказа́ния вообще́ вредны́, но в не́которых слу́чаях они́ поле́зны и незамени́мы».

— Я зна́ю наро́д и уме́ю с ним обраща́ться, — говори́л он. — Меня́ наро́д лю́бит. Сто́ит мне то́лько па́льцем шевельну́ть, и для меня́ наро́д сде́лает всё, что захочу́.

И всё э́то, заме́тьте, говори́лось с у́мной, до́брою улы́бкой. Он раз два́дцать повтори́л: «мы, дворя́не», «я, как дворяни́н»; очеви́дно, уже́ не по́мнил, что дед наш был мужи́к, а оте́ц — солда́т. Да́же на́ша фами́лия Чимша́-Гимала́йский, в су́щности несообра́зная, каза́лась ему́ тепе́рь зву́чной, зна́тной и о́чень прия́тной.

Но де́ло не в нём, а во мне само́м. Я хочу́ вам рассказа́ть, кака́я переме́на произошла́ во мне в э́ти немно́гие часы́, пока́ я был в его́ уса́дьбе. Ве́чером, когда́ мы пи́ли чай, куха́рка подала́ к столу́ по́лную таре́лку крыжо́внику. Э́то был не ку́пленный, а свой со́бственный крыжо́вник, со́бранный в пе́рвый раз с тех пор, как бы́ли поса́жены кусты́. Никола́й Ива́ныч засмея́лся и мину́ту гляде́л на крыжо́вник, мо́лча, со слеза́ми, — он не мог говори́ть от волне́ния, пото́м положи́л в рот одну́ я́году, погляде́л на меня́ с торжество́м ребёнка, кото́рый наконе́ц получи́л свою́ люби́мую игру́шку, и сказа́л:

— Как вку́сно!

И он с жа́дностью ел и всё повторя́л:

— Ах, как вку́сно! Ты попро́буй!

Бы́ло жёстко и ки́сло, но, как сказа́л Пу́шкин, «тьмы и́стин нам доро́же нас возвыша́ющий обма́н». Я ви́дел счастли́вого челове́ка, заве́тная мечта́ кото́рого осуществи́лась так очеви́дно, кото́рый дости́г це́ли в жи́зни, получи́л то, что хоте́л, кото́рый был дово́лен свое́ю судьбо́й, сами́м собо́й. К мои́м мы́слям о челове́ческом сча́стье всегда́ почему́-то приме́шивалось что-то гру́стное, тепе́рь же, при ви́де счастли́вого челове́ка, мно́ю овладе́ло тяжёлое чу́вство, бли́зкое к отча́янию. Осо́бенно тяжело́ бы́ло но́чью. Мне постла́ли посте́ль в ко́мнате ря́дом с спа́льней бра́та, и мне бы́ло слы́шно, как он не спал и как встава́л и подходи́л к таре́лке с крыжо́вником и брал по я́годке. Я сообража́л:

of gooseberries and taking yet one more berry. The idea came to me that, truly, there were a huge number of satisfied, happy people in the world! What a force for oppression! You look at this life, at the arrogance and idleness of those with power, the ignorance and the animal-like existence of the weak. Everywhere there is inconceivable poverty, overcrowding, degeneracy, drunkenness, hypocrisy, lying... And yet it is calm and quiet in all the houses, on all the streets. Of the fifty thousand people living in a town, there is not one who will stand up and shout, who will express his outrage aloud. We see the people who go to market to buy food, who eat by day and sleep by night, who speak only of superficial things, who get married, grow old, and cheerfully cart their dead off to the cemetery. But we do not see and we do not hear those who suffer, and what is terrible in life goes on somewhere behind the scenes. Everything is quiet and peaceful, and the only protest comes from voiceless statistics: the number of people who have gone mad, the number of *vedros* of vodka drunk, the number of children dead from malnutrition... And this system is evidently necessary; evidently the happy person is only able to feel comfortable because the miserable bear their burdens in silence. Without such silence, happiness would be impossible. It's a case of universal hypnosis. Outside the door of every happy, contented person there should be someone standing and pounding with a hammer, in order to remind him that there are people in misery, that however happy he may be now, sooner or later life will show him her claws. Trouble will find him — disease, poverty, losses, but no one will see or hear, just as now he neither sees nor hears others. But there is no man with a hammer; the happy person lives his life, and trivial daily cares agitate him but faintly, like the wind in the aspen tree — and all is well.

"That night I realized that I, too, was one of those happy and contented people," Ivan Ivanych continued, getting up from his chair. "At the dinner table and while hunting, I too liked to tell people how to live, what to believe and how best to deal with the peasantry. I, too, used to say that knowledge is power, and education is essential, but for common people learning how to read and write is enough for the present. 'Freedom is a universal good,' I would say, 'and denying it to people is like denying them air, but we must wait a little longer.' Yes, I used to talk like that, and now I ask, 'For the sake of what should we wait?'" Ivan Ivanych asked, glaring angrily at Burkin. "Why wait, I ask you? What reason can there possibly be for waiting? They

как, в сущности, много довольных, счастливых людей! Какая это подавляющая сила! Вы взгляните на эту жизнь: наглость и праздность сильных, невежество и скотоподобие слабых, кругом бедность невозможная, теснота, вырождение, пьянство, лицемерие, враньё... Между тем во всех домах и на улицах тишина, спокойствие; из пятидесяти тысяч живущих в городе ни одного, который бы вскрикнул, громко возмутился. Мы видим тех, которые ходят на рынок за провизией, днём едят, ночью спят, которые говорят свою чепуху, женятся, старятся, благодушно тащат на кладбище своих покойников; но мы не видим и не слышим тех, которые страдают, и то, что страшно в жизни, происходит где-то за кулисами. Всё тихо, спокойно, и протестует одна только немая статистика: столько-то с ума сошло, столько-то вёдер выпито, столько-то детей погибло от недоедания... И такой порядок, очевидно, нужен; очевидно, счастливый чувствует себя хорошо только потому, что несчастные несут своё бремя молча, и без этого молчания счастье было бы невозможно. Это общий гипноз. Надо, чтобы за дверью каждого довольного, счастливого человека стоял кто-нибудь с молоточком и постоянно напоминал бы стуком, что есть несчастные, что как бы он ни был счастлив, жизнь рано или поздно покажет ему свои когти, стрясётся беда — болезнь, бедность, потери, и его никто не увидит и не услышит, как теперь он не видит и не слышит других. Но человека с молоточком нет, счастливый живёт себе, и мелкие житейские заботы волнуют его слегка, как ветер осину, — и всё обстоит благополучно.

— В ту ночь мне стало понятно, как я тоже был доволен и счастлив, — продолжал Иван Иваныч, вставая. — Я тоже за обедом и на охоте поучал, как жить, как веровать, как управлять народом. Я тоже говорил, что ученье свет, что образование необходимо, но для простых людей пока довольно одной грамоты. Свобода есть благо, говорил я, без неё нельзя, как без воздуха, но надо подождать. Да, я говорил так, а теперь спрашиваю: во имя чего ждать? — спросил Иван Иваныч, сердито глядя на Буркина. — Во имя чего ждать, я

tell me that what is needed can't be provided all at once; that every idea can be implemented in real life only gradually, in its own good time. Who says? Where is the proof that this is correct? You will answer by referring to the natural order of things, the conformity of all phenomena to certain laws; but where is there order and conformity in the fact that I, a living, thinking man, must stand at the lip of a chasm and wait for it to seal itself closed, or to fill up with silt, when perhaps I could simply leap over it or build a bridge across it? And again I ask, 'wait, for what purpose? Should I wait till we no longer have the strength to continue living. Yet, in the meantime people must live and want to live!'

"I left my brother's place early in the morning, and ever since then I have found it unbearable to be in town. I am oppressed by its peace and quiet; I am afraid to look in windows, for there is no spectacle more painful to me now than the sight of a happy family sitting round the table drinking tea. I am old and unfit for struggle; I am not even capable of hatred; I can only grieve internally, feel annoyed or vexed; and yet at night my head is on fire with the rush of ideas, and I cannot sleep… Ah, if I were only young!"

In his agitation, Ivan Ivanych paced back and forth between one corner of the room and another, repeating "If I were only young!"

He suddenly went up to Alyokhin and began pressing first one of his hands and then the other.

"Pavel Konstantinych," he said in an imploring voice, "don't subside into calm, don't let yourself be put to sleep! While you are young, strong, and self-confident, you must work tirelessly for good! There is no such thing as happiness, and indeed there ought not to be; but if life has a meaning and an object, that meaning and object must not be our personal happiness, but something greater and more rational. Work for good!"

And Ivan Ivanych said all this with a pathetic, imploring smile, as though he were begging for something for himself.

After this all three men sat in armchairs at different corners of the drawing room and said nothing. Ivan Ivanych's story had not satisfied either Burkin or Alyokhin. The generals and ladies, gazing down from their gilt frames and appearing, in the dusk, to be alive, had found it boring to listen to a story about a poor clerk who ate gooseberries. For some reason, they had wanted to speak and hear about people from high society, especially ladies. But the fact that they were sitting in a drawing-room where every-

вас спрашиваю? Во имя каких соображений? Мне говорят, что не всё сразу, всякая идея осуществляется в жизни постепенно, в своё время. Но кто это говорит? Где доказательства, что это справедливо? Вы ссылаетесь на естественный порядок вещей, на законность явлений, но есть ли порядок и законность в том, что я, живой, мыслящий человек, стою надо рвом и жду, когда он зарастёт сам или затянет его илом, в то время как, быть может, я мог бы перескочить через него или построить через него мост? И опять-таки, во имя чего ждать? Ждать, когда нет сил жить, а между тем жить нужно и хочется жить!

Я уехал тогда от брата рано утром, и с тех пор для меня стало невыносимо бывать в городе. Меня угнетают тишина и спокойствие, я боюсь смотреть на окна, так как для меня теперь нет более тяжёлого зрелища, как счастливое семейство, сидящее вокруг стола и пьющее чай. Я уже стар и не гожусь для борьбы, я неспособен даже ненавидеть. Я только скорблю душевно, раздражаюсь, досадую, по ночам у меня горит голова от наплыва мыслей, и я не могу спать... Ах, если б я был молод!

Иван Иваныч прошёлся в волнении из угла в угол и повторил:

— Если б я был молод!

Он вдруг подошёл к Алёхину и стал пожимать ему то одну руку, то другую.

— Павел Константиныч, — проговорил он умоляющим голосом, — не успокаивайтесь, не давайте усыплять себя! Пока молоды, сильны, бодры, не уставайте делать добро! Счастья нет и не должно его быть, а если в жизни есть смысл и цель, то смысл этот и цель вовсе не в нашем счастье, а в чём-то более разумном и великом. Делайте добро!

И всё это Иван Иваныч проговорил с жалкой, просящею улыбкой, как будто просил лично для себя.

Потом все трое сидели в креслах, в разных концах гостиной, и молчали. Рассказ Ивана Иваныча не удовлетворил ни Буркина, ни Алёхина. Когда из золотых рам глядели генералы и дамы, которые в сумерках казались живыми, слушать рассказ про беднягу-чиновника, который ел крыжовник, было скучно. Хотелось почему-то говорить и слушать про изящных людей, про женщин. И

thing — the chandeliers in their dustcovers, the arm-chairs, and the carpet underfoot — reminded them that they, the very people who were now looking down from their frames, had once moved about, and had sat and drunk tea in this room, where the lovely Pelagea was now entering noiselessly, was better than any story.

Alyokhin was terribly sleepy; he had gotten up early, before three o'clock in the morning, to see to his work, and now his eyes were closing. Yet he was afraid his visitors might say something interesting in his absence, so he stayed. Whether what Ivan Ivanych had just said was rational and correct, mattered little to him. His guests had been speaking about something other than groats, or hay, or tar, something that had no direct bearing on his life, and he was pleased and wanted them to go on.

"It's bed-time, though," said Burkin, standing up. "Permit me to wish you good night."

Alyokhin said good night and went to his quarters downstairs, while the guests remained upstairs. They had been allocated a large room that contained two old, wooden beds decorated with carvings, and, in the corner, an ivory crucifix. The big, cool beds, made up by the lovely Pelagea, smelt pleasantly of clean linens.

Ivan Ivanych undressed in silence and got into bed.

"Lord, forgive us sinners!" he said, and drew the cover up over his head.

His pipe, lying on the table, smelled strongly of stale tobacco, and Burkin could not sleep for a long while, unable to figure out where the unpleasant smell was coming from.

Rain knocked on the window panes all night.

First published in Russian: 1898
Retranslation by Lydia Razran-Stone,
based on the Constance Garnett translation.

то, что они сиде́ли в гости́ной, где всё — и лю́стра в чехле́, и кре́сла, и ковры́ под нога́ми говори́ли, что здесь когда́-то ходи́ли, сиде́ли, пи́ли чай вот э́ти са́мые лю́ди, кото́рые гляде́ли тепе́рь из рам, и то, что здесь тепе́рь бесшу́мно ходи́ла краси́вая Пелаге́я, — э́то бы́ло лу́чше вся́ких расска́зов.

Алёхину си́льно хоте́лось спать; он встал по хозя́йству ра́но, в тре́тьем часу́ утра́, и тепе́рь у него́ слипа́лись глаза́, но он боя́лся, как бы го́сти не ста́ли без него́ расска́зывать что-нибудь интере́сное, и не уходи́л. Умно́ ли, справедли́во ли бы́ло то, что то́лько что говори́л Ива́н Ива́ныч, он не вника́л; го́сти говори́ли не о крупе́, не о се́не, не о дёгте, а о чём-то, что не име́ло прямо́го отноше́ния к его́ жи́зни, и он был рад и хоте́л, что́бы они́ продолжа́ли...

— Одна́ко пора́ спать, — сказа́л Бу́ркин, поднима́ясь. — Позво́льте пожела́ть вам споко́йной но́чи.

Алёхин прости́лся и ушёл к себе́ вниз, а го́сти оста́лись наверху́. Им обо́им отвели́ на ночь большу́ю ко́мнату, где стоя́ли две ста́рые деревя́нные крова́ти с резны́ми украше́ниями и в углу́ бы́ло распя́тие из слоно́вой ко́сти; от их посте́лей, широ́ких, прохла́дных, кото́рые постила́ла краси́вая Пелаге́я, прия́тно па́хло све́жим бельём.

Ива́н Ива́ныч мо́лча разде́лся и лёг.

— Го́споди, прости́ нас гре́шных! — проговори́л он и укры́лся с голово́й.

От его́ тру́бочки, лежа́вшей на столе́, си́льно па́хло таба́чным перега́ром, и Бу́ркин до́лго не спал и всё ника́к не мог поня́ть, отку́да э́тот тяжёлый за́пах.

Дождь стуча́л в о́кна всю ночь.

1898

About Love
Anton Chekhov

Next day at lunch the guests were served some very tasty pies, crayfish, and mutton cutlets. While they were eating, Nikanor, the cook, came in to ask what they would like for dinner. He was a man of medium height with a puffy face and small eyes. He was clean shaven, but it looked as though the hair on his face had been plucked out rather than shaved off.

Alyokhin told his visitors that the beautiful Pelagea was in love with this cook. Since Nikanor drank heavily and tended to get violent, she did not want to marry him, but was willing simply to live with him. He, however, was very religious, and his convictions would not allow him to live in sin. He demanded that she marry him and would hear of nothing else, and when he got drunk he used to curse and threaten her and even beat her. Whenever this happened she hid upstairs, sobbing, and on such occasions Alyokhin and his servants stayed in the house so they could protect her if necessary.

The men began to discuss love.

"The question of what gives rise to love," remarked Alyokhin, "for example, why Pelagea doesn't love somebody more like herself in character and appearance, but instead falls for Nikanor, with his ugly snout (that's what we all call him, 'Snout') or how much personal happiness matters to love—the answers to such questions are completely unknown. Everyone is free to think whatever he wants about them. So far only one indisput-

О любви
Антон Чехов

На другой день к завтраку подавали очень вкусные пирожки, раков и бараньи котлеты; и пока ели, приходил наверх повар Никанор справиться, что гости желают к обеду. Это был человек среднего роста, с пухлым лицом и маленькими глазами, бритый, и казалось, что усы у него были не бриты, а выщипаны.

Алёхин рассказал, что красивая Пелагея была влюблена в этого повара. Так как он был пьяница и буйного нрава, то она не хотела за него замуж, но соглашалась жить так. Он же был очень набожен, и религиозные убеждения не позволяли ему жить так; он требовал, чтобы она шла за него, и иначе не хотел, и бранил её, когда бывал пьян, и даже бил. Когда он бывал пьян, она пряталась наверху и рыдала, и тогда Алёхин и прислуга не уходили из дому, чтобы защитить её в случае надобности.

Стали говорить о любви.

— Как зарождается любовь, — сказал Алёхин, — почему Пелагея не полюбила кого-нибудь другого, более подходящего к ней по её душевным и внешним качествам, а полюбила именно Никанора, этого мурло, — тут у нас все зовут его мурлом, — поскольку в любви важны вопросы личного счастья — всё это неизвестно и обо всём этом можно трактовать как угодно. До сих пор о любви была сказана только одна неоспоримая правда, а именно, что «тайна сия

able truth has been spoken about love: 'This is a great mystery.' Everything else that has ever been written or said about love is not an answer or a solution, but only a restatement of questions that still remain unanswered. The explanation that would seem to fit one case does not apply in a dozen others, and the very best thing, to my mind, would be to explain every case individually without attempting to generalize. We ought, as the doctors say, to individualize each case."

"Absolutely right," Burkin assented.

"We Russians, as an educated people, are partial to questions that cannot be answered. Love is normally poeticized, decorated with roses and nightingales. And we Russians decorate our love with these portentous questions, and, furthermore, always choose to dwell on the least interesting among them. When I was a student in Moscow, I had a mistress, a charming woman, and every time I held her in my arms she was thinking about how much housekeeping money I would give her that month and what the going price for a pound of beef was. In the same way, when we are in love, we never cease asking ourselves questions of a certain type: whether our love is honorable or dishonorable, rational or stupid, what it is leading to, and so on. Whether this is a good thing or not I don't know, but I do know that it gets in the way and makes us dissatisfied and irritable."

These words seemed to be leading up to a story he wanted to tell. People who live alone always have something stored up inside that they are eager to talk about. In town, bachelors visit the public baths and restaurants in order to talk and sometimes tell the bath attendants and waiters the most interesting stories. People who live in the country, as a rule, unburden themselves to their houseguests. Outside the window the sky was gray, the trees were drenched with rain; in this weather the men had no wish to leave the house, and so there was nothing left to do but to tell and listen to stories.

"I have lived at Sofino and occupied myself with farming for quite a long time," Alyokhin began, "ever since I left the University. My education prepared me to do anything but manual labor and my temperament predisposes me to intellectual pursuits, but when I came home from the university, there was a large debt outstanding on our estate, which my father had mortgaged partially to pay for my expensive education. I decided that I would not leave here until I had paid off this debt. I made this resolve and began working, I confess, not without some feeling of distaste. The soil here

велика́ есть», всё же остально́е, что писа́ли и говори́ли о любви́, бы́ло не реше́нием, а то́лько постано́вкой вопро́сов, кото́рые так и остава́лись неразрешёнными. То объясне́ние, кото́рое, каза́лось бы, годи́тся для одного́ слу́чая, уже́ не годи́тся для десяти́ други́х, и са́мое лу́чшее, по-мо́ему, — э́то объясня́ть ка́ждый слу́чай в отде́льности, не пыта́ясь обобща́ть. На́до, как говоря́т доктора́, индивидуализи́ровать ка́ждый отде́льный слу́чай.

— Соверше́нно ве́рно, — согласи́лся Бу́ркин.

— Мы, ру́сские, поря́дочные лю́ди, пита́ем пристра́стие к э́тим вопро́сам, остаю́щимся без разреше́ния. Обыкнове́нно любо́вь поэтизи́руют, украша́ют её ро́зами, соловья́ми, мы же, ру́сские, украша́ем на́шу любо́вь э́тими роковы́ми вопро́сами, и прито́м выбира́ем из них са́мые неинтере́сные. В Москве́, когда́ я ещё был студе́нтом, у меня́ была́ подру́га жи́зни, ми́лая да́ма, кото́рая вся́кий раз, когда́ я держа́л её в объя́тиях, ду́мала о том, ско́лько я бу́ду выдава́ть ей в ме́сяц и почём тепе́рь говя́дина за фунт. Так и мы, когда́ лю́бим, то не перестаём задава́ть себе́ вопро́сы: че́стно э́то и́ли нече́стно, у́мно и́ли глу́по, к чему́ поведёт э́та любо́вь и так да́лее. Хорошо́ э́то и́ли нет, я не зна́ю, но что э́то меша́ет, не удовлетворя́ет, раздража́ет — э́то я зна́ю.

Бы́ло похо́же, что он хо́чет что-то рассказа́ть. У люде́й, живу́щих одино́ко, всегда́ быва́ет на душе́ что-нибу́дь тако́е, что они́ охо́тно бы рассказа́ли. В го́роде холостяки́ наро́чно хо́дят в ба́ню и в рестора́ны, что́бы то́лько поговори́ть, и иногда́ расска́зывают ба́нщикам и́ли официа́нтам о́чень интере́сные исто́рии, в дере́вне же обыкнове́нно они́ излива́ют ду́шу пе́ред свои́ми гостя́ми. Тепе́рь в о́кна бы́ло ви́дно се́рое не́бо и дере́вья, мо́крые от дождя́, в таку́ю пого́ду не́куда бы́ло дева́ться и ничего́ бо́льше не остава́лось, как то́лько расска́зывать и слу́шать.

— Я живу́ в Со́фьине и занима́юсь хозя́йством уже́ давно́, — на́чал Алёхин, — с тех пор, как ко́нчил в университе́те. По воспита́нию я белору́чка, по накло́нностям — кабине́тный челове́к, но на име́нии, когда́ я прие́хал сюда́, был большо́й долг, а так как оте́ц мой задолжа́л отча́сти потому́, что мно́го тра́тил на моё образова́ние, то я реши́л, что не уе́ду отсю́да и бу́ду рабо́тать, пока́ не уплачу́ э́того до́лга. Я реши́л так и на́чал тут рабо́тать, призна́юсь, не без

is not very fertile and, to keep from losing money on the crops, you either have to rely on the labor of serfs or hired hands (which is virtually the same thing) or work the land the way the peasants do, that is work in the field yourself with your family. There is no middle ground. But at first I did not bother with such fine distinctions. I did not leave a clod of earth unturned; I rounded up all the peasants, men and women both, from the neighboring villages and put them to work. And work we did; at a furious pace. I myself plowed and sowed and reaped. And I was bored every minute of the time, screwing up my face fastidiously like a cat forced by hunger to eat cucumbers from the kitchen-garden. My whole body ached, and I was continually falling asleep on my feet. At the beginning I thought I could easily live this life of hard labor while retaining my cultured habits, if I could only maintain a certain external order in my life. Thus, I established myself upstairs here in the best rooms, and had the servants bring my coffee and liqueur to me up there after lunch and dinner. I would read *Chronicle of Europe* every night before I went to sleep. But one day our priest, Father Ivan, dropped by and polished off my entire stock of liqueur at a single go. Then I gave my copies of *Chronicle of Europe* to the priest's daughters, since in summer, especially during haymaking, I never made it to my bed at all, but fell asleep in a sledge in the barn, or somewhere in the forester's lodge. What chance did I have to read? Little by little I moved downstairs and began dining in the servants' kitchen, and now nothing is left of my former luxury but the servants I cannot bear to let go because they were in my father's service.

"Not long after I settled here, I was made an honorary member of the magistrate's court. From time to time I would have to go into town to attend sessions of the district congress or court, which made a pleasant break for me. When you spend two or three months cooped up in the country without going anywhere, especially in the winter, you start to long for the sight of a black frock coat. And these sessions showed me frock-coats, and uniforms, and dress-coats, too. The members of the court were lawyers, educated men with whom I could have real discussions. After sleeping in the sledge and eating my meals in the kitchen, to sit in an armchair in clean linen and dress shoes, with a chain of office around my neck, was quite a luxury!

I received a warm welcome in the town and was very eager to make new acquaintances. Of all those I met, the one I knew and, to tell the truth, liked

некоторого отвращения. Здешняя земля даёт не много, и, чтобы сельское хозяйство было не в убыток, нужно пользоваться трудом крепостных или наёмных батраков, что почти одно и то же, или же вести своё хозяйство на крестьянский лад, то есть работать в поле самому, со своей семьёй. Середины тут нет. Но я тогда не вдавался в такие тонкости. Я не оставлял в покое ни одного клочка земли, я сгонял всех мужиков и баб из соседних деревень, работа у меня тут кипела неистовая; я сам тоже пахал, сеял, косил и при этом скучал и брезгливо морщился, как деревенская кошка, которая с голоду ест на огороде огурцы; тело моё болело, и я спал на ходу. В первое время мне казалось, что эту рабочую жизнь я могу легко помирить со своими культурными привычками; для этого стоит только, думал я, держаться в жизни известного внешнего порядка. Я поселился тут наверху, в парадных комнатах, и завёл так, что после завтрака и обеда мне подавали кофе с ликёрами и, ложась спать, я читал на ночь «Вестник Европы». Но как-то пришёл наш батюшка, отец Иван, и в один присест выпил все мои ликёры; и «Вестник Европы» пошёл тоже к поповнам, так как летом, особенно во время покоса, я не успевал добраться до своей постели и засыпал в сарае в санях или где-нибудь в лесной сторожке — какое уж тут чтение? Я мало-помалу перебрался вниз, стал обедать в людской кухне, и из прежней роскоши у меня осталась только вся эта прислуга, которая ещё служила моему отцу и которую уволить мне было бы больно.

В первые же годы меня здесь выбрали в почётные мировые судьи. Кое-когда приходилось наезжать в город и принимать участие в заседаниях съезда и окружного суда, и это меня развлекало. Когда поживёшь здесь безвыездно месяца два-три, особенно зимой, то в конце концов начинаешь тосковать по чёрном сюртуке. А в окружном суде были и сюртуки, и мундиры, и фраки, всё юристы, люди, получившие общее образование; было с кем поговорить. После спанья в санях, после людской кухни сидеть в кресле, в чистом белье, в лёгких ботинках, с цепью на груди — это такая роскошь!

В городе меня принимали радушно, я охотно знакомился. И из всех знакомств самым основательным и, правду сказать, самым

the best was Luganovich, the vice-president of the court. I think both of you know him, the nicest fellow you'd ever hope to meet. You remember the famous arson case we had? Well, the preliminary investigation lasted two days. The whole court was exhausted. Luganovich looked at me and said:

"'You know what, why don't you come and have dinner at my house?'

"This was unexpected, since my acquaintance with Luganovich had been strictly professional and I had never been to his house before. I went to my hotel room and took a minute or two to change my clothes and off I went to dinner. And there I had the opportunity to get to know Anna Alexeyevna, Luganovich's wife. At that time she was still very young, no more than twenty-two; her first child had been born only six months before. It is all a thing of the past; and now I find it difficult to define what exactly there was about her that I found so exceptional, that attracted me so much. But that time, at that first dinner, the reasons were overwhelmingly clear to me. I saw a young women who was beautiful, good-hearted, intelligent and enchanting, whose equal I had never before encountered. Immediately I felt I had some sort of bond with her. She seemed familiar to me, as if I had seen that face, those friendly, intelligent eyes, some time during my childhood; perhaps in the album my mother kept on her dresser.

"Four Jews had been charged with arson, and they had been tried as a criminal gang, which I thought was completely unfounded. During dinner my mind was still on this case that had disturbed me a great deal; I can't tell you what I myself said, but I do remember that Anna Alexeyevna kept shaking her head and saying to her husband:

"'Dmitry, how could this have happened?'

"Luganovich is a good soul, but he is one of those naive people who are firmly of the opinion that once someone has been brought before a court, he must be guilty, and that the only way it is permissible to question the verdict is on paper, following due legal procedures, and not over dinner in a private conversation. "'Well, you and I, for example are innocent of arson,' he said mildly, 'and so no one has tried us for it or sent us to prison.'

"And both of them — husband and wife — kept urging me to have more to eat and drink. Certain trifling details that I observed, the way they made the coffee together, for instance, and the way they understood each other's thoughts before a sentence was completed, made me think that that they had a close and happy marriage and were pleased to have visitors. After

приятным для меня было знакомство с Лугановичем, товарищем председателя окружного суда. Его вы знаете оба: милейшая личность. Это было как раз после знаменитого дела поджигателей; разбирательство продолжалось два дня, мы были утомлены. Луганович посмотрел на меня и сказал:

— Знаете что? Пойдёмте ко мне обедать.

Это было неожиданно, так как с Лугановичем я был знаком мало, только официально, и ни разу у него не был. Я только на минутку зашёл к себе в номер, чтобы переодеться, и отправился на обед. И тут мне представился случай познакомиться с Анной Алексеевной, женой Лугановича. Тогда она была ещё очень молода, не старше двадцати двух лет, и за полгода до того у неё родился первый ребёнок. Дело прошлое, и теперь бы я затруднился определить, что, собственно, в ней было такого необыкновенного, что мне так понравилось в ней, тогда же за обедом для меня всё было неотразимо ясно; я видел женщину молодую, прекрасную, добрую, интеллигентную, обаятельную, женщину, какой я раньше никогда не встречал; и сразу я почувствовал в ней существо близкое, уже знакомое, точно это лицо, эти приветливые, умные глаза я видел уже когда-то в детстве, в альбоме, который лежал на комоде у моей матери.

В деле поджигателей обвинили четырёх евреев, признали шайку и, по-моему, совсем неосновательно. За обедом я очень волновался, мне было тяжело, и уж не помню, что я говорил, только Анна Алексеевна всё покачивала головой и говорила мужу:

— Дмитрий, как же это так?

Луганович — это добряк, один из тех простодушных людей, которые крепко держатся мнения, что раз человек попал под суд, то, значит, он виноват, и что выражать сомнение в правильности приговора можно не иначе, как в законном порядке, на бумаге, но никак не за обедом и не в частном разговоре.

— Мы с вами не поджигали, — говорил он мягко, — и вот нас же не судят, не сажают в тюрьму.

И оба, муж и жена, старались, чтобы я побольше ел и пил; по некоторым мелочам, по тому, например, как оба они вместе варили кофе, и по тому, как они понимали друг друга с полуслов, я мог

dinner they played a duet on the piano; then it got dark, and I went home. That was in early spring.

"I spent the entire following summer at Sofino without a break and had no time to think about life in town, but I carried the memory of the slender, fair-haired woman with me throughout that period. I did not really think about her, but it was as though a faint shadow of her was always present in my mind.

"In late autumn I attended a theatrical performance in town, a charity benefit. I had been invited to visit the governor's box during the intermission and when I did, I saw Anna Alexeyevna sitting beside the governor's wife. Once again I had the sudden, overwhelming impression of beauty and warm, understanding eyes, and again the same feeling that there was a bond between us. We sat side by side for a while and then went out into the lobby.

"'You've grown thinner,' she said; 'have you been ill?'

"'Yes, I've had rheumatism in my shoulder, and in rainy weather I sleep badly.'

"'You look run down. In the spring, when you came to dinner, you were younger, more confident. You were full of eagerness then, and talked a great deal; you were very interesting, and I confess you made quite an impression on me. For some reason you often popped into my memory during the summer, and as I was getting ready for the theatre today I thought I was likely to see you.'

"And she laughed.

"'But you look run down today,' she repeated; 'it makes you seem older.'

"The next day I lunched at the Luganoviches'. After lunch they were going to drive to their summer place, in order to make arrangements for the winter, and I accompanied them. We returned to town together, and, at midnight I was drinking tea with them in quiet domestic surroundings while the fire glowed, and the young mother kept leaving the room to make sure her little girl was asleep. And after that, when I went to town, I never failed to visit the Luganoviches. They grew used to me, and I grew used to them. As a rule I would enter their house unannounced, like one of the family.

"'Who is there?' she would call from one of the inner rooms far off, in the light drawl that I found so attractive.

заключить, что живут они мирно, благополучно и что они рады гостю. После обеда играли на рояле в четыре руки, потом стало темно, и я уехал к себе. Это было в начале весны. Затем всё лето провёл я в Софьине безвыездно, и было мне некогда даже подумать о городе, но воспоминание о стройной белокурой женщине оставалось во мне все дни; я не думал о ней, но точно лёгкая тень её лежала на моей душе.

Позднею осенью в городе был спектакль с благотворительной целью. Вхожу я в губернаторскую ложу (меня пригласили туда в антракте), смотрю — рядом с губернаторшей Анна Алексеевна, и опять то же самое неотразимое, бьющее впечатление красоты и милых, ласковых глаз, и опять то же чувство близости.

Мы сидели рядом, потом ходили в фойе.

— Вы похудели, — сказала она. — Вы были больны?

— Да. У меня простужено плечо, и в дождливую погоду я дурно сплю.

— У вас вялый вид. Тогда, весной, когда вы приходили обедать, вы были моложе, бодрее. Вы тогда были воодушевлены и много говорили, были очень интересны, и, признаюсь, я даже увлеклась вами немножко. Почему-то часто в течение лета вы приходили мне на память и сегодня, когда я собиралась в театр, мне казалось, что я вас увижу.

И она засмеялась.

— Но сегодня у вас вялый вид, — повторила она. — Это вас старит.

На другой день я завтракал у Лугановичей; после завтрака они поехали к себе на дачу, чтобы распорядиться там насчёт зимы, и я с ними. С ними же вернулся в город и в полночь пил у них чай в тихой, семейной обстановке, когда горел камин и молодая мать всё уходила взглянуть, спит ли её девочка. И после этого в каждый свой приезд я непременно бывал у Лугановичей. Ко мне привыкли, и я привык. Обыкновенно входил я без доклада, как свой человек.

— Кто там? — слышался из дальних комнат протяжный голос, который казался мне таким прекрасным.

"'It's Pavel Konstantinovich,' the maid or nanny would answer.

"Anna Alexeyevna would come out to me with a worried face, and would ask me every time, 'Why has it been so long since you were here? Did something happen?'

"Her eyes, the graceful, aristocratic looking hand that she offered me, her everyday dress, the way she did her hair, her voice, her step, always produced the same impression on me, that there was something new and extraordinary in my life, something important. We would talk for hours, or we would sit in silence, each thinking their own thoughts, or she would play the piano for me. If I found no one at home I stayed and waited, chatting with the nanny, playing with the child, or lying on the Turkish sofa in the study reading a newspaper. When Anna Alexeyevna came back I would meet her in the front hall and take her parcels from her; and, for some reason, I would carry those parcels every time with the kind of great love and great solemnity a boy would feel.

"There is a proverb that says that, if a peasant woman has nothing to fret over, she goes out and buys a pig. So too it seemed that the Luganoviches had had nothing to fret over, so they made friends with me. If I did not come to town for a while, they were sure I was sick or something else had happened to me, and they both became extremely anxious. They worried that I, an educated man with a knowledge of languages, instead of devoting myself to science or literary pursuits, was living in the country, running like a squirrel in a wheel, working like a dog, and never had a penny to show for it. They imagined that I was unhappy and that I only talked, laughed, and ate to conceal my suffering. Even when I was enjoying myself and did indeed feel happy, I was aware of their searching eyes fixed upon me. They were particularly touching when I really was in a bad state, when a creditor was pressuring me or I did not have the money to pay my mortgage on time. The two of them, husband and wife, would go off to the window and whisper together, then Luganovitch would come to me and say with a serious expression on his face:

"'If you currently are in need of some money, Pavel Konstantinovich, my wife and I beg you not to hesitate to borrow from us.'

"And he would blush to his ears with emotion. Other times, after they had whispered in the same way at the window, he would come up to me, again with red ears, and say:

— Это Па́вел Константи́ныч, — отвеча́ла го́рничная и́ли ня́ня. Анна Алексе́евна выходи́ла ко мне с озабо́ченным лицо́м и вся́кий раз спра́шивала:

— Почему́ вас так до́лго не́ было? Случи́лось что-нибудь?

Её взгляд, изя́щная, благоро́дная рука́, кото́рую она́ подава́ла мне, её дома́шнее пла́тье, причёска, го́лос, шаги́ вся́кий раз производи́ли на меня́ всё то же впечатле́ние чего́-то но́вого, необыкнове́нного в мое́й жи́зни и ва́жного. Мы бесе́довали подо́лгу и подо́лгу молча́ли, ду́мая ка́ждый о своём, и́ли же она́ игра́ла мне на роя́ле. Если же никого́ не́ было до́ма, то я остава́лся и ждал, разгова́ривал с ня́ней, игра́л с ребёнком и́ли же в кабине́те лежа́л на туре́цком дива́не и чита́л газе́ту, а когда́ Анна Алексе́евна возвраща́лась, то я встреча́л её в пере́дней, брал от неё все её поку́пки, и почему́-то вся́кий раз э́ти поку́пки я нёс с тако́ю любо́вью, с таки́м торжество́м, то́чно ма́льчик.

Есть посло́вица: не́ было у ба́бы хлопо́т, так купи́ла порося́. Не́ было у Лугано́вичей хлопо́т, так подружи́лись они́ со мной. Если я до́лго не приезжа́л в го́род, то, зна́чит, я был бо́лен и́ли что-нибудь случи́лось со мной, и они́ о́ба си́льно беспоко́ились. Они́ беспоко́ились, что я, образо́ванный челове́к, зна́ющий языки́, вме́сто того́, что́бы занима́ться нау́кой и́ли литерату́рным трудо́м, живу́ в дере́вне, верчу́сь как бе́лка в колесе́, мно́го рабо́таю, но всегда́ без гроша́. Им каза́лось, что я страда́ю и е́сли я говорю́, смею́сь, ем, то то́лько для того́, что́бы скрыть свои́ страда́ния, и да́же в весёлые мину́ты, когда́ мне бы́ло хорошо́, я чу́вствовал на себе́ их пытли́вые взгля́ды. Они́ бы́ли осо́бенно тро́гательны, когда́ мне в са́мом де́ле приходи́лось тяжело́, когда́ меня́ притесня́л како́й-нибудь кредито́р и́ли не хвата́ло де́нег для сро́чного платежа́; о́ба, муж и жена́, шепта́лись у окна́, пото́м он подходи́л ко мне и с серьёзным лицо́м говори́л:

— Если вы, Па́вел Константи́ныч, в настоя́щее вре́мя нужда́етесь в деньга́х, то я и жена́ про́сим вас не стесня́ться и взять у нас.

И у́ши красне́ли у него́ от волне́ния. А случа́лось, что то́чно так же, пошепта́вшись у окна́, он подходи́л ко мне, с кра́сными уша́ми, и говори́л:

"'My wife and I earnestly beg you to accept this present.'

"And he would give me cuff links, a cigarette case, or a lamp, and in return I would send them game, butter, and flowers from the country. I should mention here that they both had considerable money of their own. When I had first moved here, I often borrowed money, and was not very fastidious about it — I borrowed wherever I could — but nothing in the world would have induced me to borrow from the Luganoviches. But why talk of money?

"I was indeed unhappy. In my house, in the barn, I was always thinking about her. I kept trying to figure out why a beautiful, intelligent young woman would marry someone who was not particularly interesting and nearly an old man (her husband was past forty) and bear his children. I would ponder the mystery of how this undistinguished though good-hearted and straightforward man, this man with a simple outlook on life, whose opinions were so boring and commonsensical, who sat out dances at parties among the solid citizens, listless and unsought after, with a passive indifferent expression as if he were at a business meeting, could yet believe in his right to be happy, to have children with her. I kept trying to understand why she had met him first, and not me, and how such a terrible mistake had been allowed to occur in our lives.

"And each time I went into town I could see from her eyes that she was expecting me, and indeed she would confess to me she had had a strange feeling all that day and had guessed that I would be coming. We would alternate long periods of talking with periods of silence, but we never acknowledged our love for each other, timidly and jealously concealing it. We were afraid of everything that might bring our secret out in the open even to ourselves. I loved her tenderly, deeply, but I kept analyzing the situation and asking myself what dire repercussions our love might have if we failed to find the strength to fight against it. My love was so gentle and so sad; and I could not conceive of it being the means for the abrupt interruption of the calm happy life of her husband and children, and this whole household in which everyone loved and trusted me. How could this be honorable? She would have to go away with me, but where? Where could I take her? It would have been something else entirely if I had had been leading a wonderful, interesting life — if, for instance, I had been working for the emancipation of my country, or was a celebrated scientist, artist or painter; but I

— Я и жена убедительно просим вас принять от нас вот этот подарок.

И подавал запонки, портсигар или лампу; и я за это присылал им из деревни битую птицу, масло и цветы. Кстати сказать, оба они были состоятельные люди. В первое время я часто брал взаймы и был не особенно разборчив, брал, где только возможно, но никакие силы не заставили бы меня взять у Лугановичей. Да что говорить об этом!

Я был несчастлив. И дома, и в поле, и в сарае я думал о ней, я старался понять тайну молодой, красивой, умной женщины, которая выходит за неинтересного человека, почти за старика (мужу было больше сорока лет), имеет от него детей, — понять тайну этого неинтересного человека, добряка, простяка, который рассуждает с таким скучным здравомыслием, на балах и вечеринках держится около солидных людей, вялый, ненужный, с покорным, безучастным выражением, точно его привели сюда продавать, который верит, однако, в своё право быть счастливым, иметь от неё детей; и я всё старался понять, почему она встретилась именно ему, а не мне, и для чего это нужно было, чтобы в нашей жизни произошла такая ужасная ошибка.

А приезжая в город, я всякий раз по её глазам видел, что она ждала меня; и она сама признавалась мне, что ещё с утра у неё было какое-то особенное чувство, она угадывала, что я приеду. Мы подолгу говорили, молчали, но мы не признавались друг другу в нашей любви и скрывали её робко, ревниво. Мы боялись всего, что могло бы открыть нашу тайну нам же самим. Я любил нежно, глубоко, но я рассуждал, я спрашивал себя, к чему может повести наша любовь, если у нас не хватит сил бороться с нею; мне казалось невероятным, что эта моя тихая, грустная любовь вдруг грубо оборвёт счастливое течение жизни её мужа, детей, всего этого дома, где меня так любили и где мне так верили. Честно ли это? Она пошла бы за мной, но куда? Куда бы я мог увести её? Другое дело, если бы у меня была красивая, интересная жизнь, если б я, например, боролся за освобождение родины или был знаменитым учёным, артистом, художником, а то ведь из одной обычной, будничной обстановки пришлось бы увлечь её в другую такую же или ещё

simply would be taking her from one unexceptional prosaic life to another, equally as prosaic, if not more so. And how long would our happiness last? What would happen to her if I were to become ill, or die, or if we simply stopped loving each other?

"And she apparently had been thinking along similar lines. She considered her husband, her children, and her mother, who loved Luganovich like a son. If she had given in to her feelings for me, she would either have had to lie, or else tell the truth, and in her position either alternative would have been equally terrible and painful. And, too, she was tormented by the question of whether her love would bring me happiness. Would she not complicate my life, which, as it was, was hard enough and full of all sorts of trouble? She imagined that she was not young enough for me, that she was not hardworking or energetic enough to begin a new life, and she often talked to her husband about how I needed to marry a girl of intelligence and character who would be a good homemaker and helpmate to me — and then she would immediately add that it if you searched the whole town you would be unlikely to find even one such girl.

"Meanwhile the years were passing. Anna Alexeyevna already had two children. When I arrived at the Luganoviches' the servants smiled cordially, the children shouted that Uncle Pavel Konstantinovich had come, and hung on my neck; everyone was delighted. They did not understand what was going on in my soul, and thought that I, too, was happy. Everyone looked on me as a noble being. The adults and children alike felt that a noble being was walking about their rooms, and this gave a special charm to their manner towards me, as though my presence there made their lives, too, purer and more beautiful. Anna Alexeyevna and I used to go to the theatre together; we always went on foot and sat side by side in the stalls, our shoulders touching. I would take the opera glass from her hands without a word, and I would feel at that minute that we were truly joined together, that she was mine, that we could not live without each other. Yet, through some strange misunderstanding, each time we emerged from the theatre we said goodbye and parted as though we were mere acquaintances. People in town had already begun to talk about us, saying God knows what, but there was not a word of truth in any of it!

"After some years passed, Anna Alexeyevna started to go away on frequent visits to her mother or sister; and began to be moody. At times she

более будничную. И как бы долго продолжалось наше счастье? Что было бы с ней в случае моей болезни, смерти или просто если бы мы разлюбили друг друга?

И она, по-видимому, рассуждала подобным же образом. Она думала о муже, о детях, о своей матери, которая любила её мужа, как сына. Если б она отдалась своему чувству, то пришлось бы лгать или говорить правду, а в её положении то и другое было бы одинаково страшно и неудобно. И её мучил вопрос: принесёт ли мне счастье её любовь, не осложнит ли она моей жизни, и без того тяжёлой, полной всяких несчастий? Ей казалось, что она уже недостаточно молода для меня, недостаточно трудолюбива и энергична, чтобы начать новую жизнь, и она часто говорила с мужем о том, что мне нужно жениться на умной, достойной девушке, которая была бы хорошей хозяйкой, помощницей, — и тотчас же добавляла, что во всём городе едва ли найдётся такая девушка.

Между тем годы шли. У Анны Алексеевны было уже двое детей. Когда я приходил к Лугановичам, прислуга улыбалась приветливо, дети кричали, что пришёл дядя Павел Константиныч, и вешались мне на шею; все радовались. Не понимали, что делалось в моей душе, и думали, что я тоже радуюсь. Все видели во мне благородное существо. И взрослые и дети чувствовали, что по комнате ходит благородное существо, и это вносило в их отношения ко мне какую-то особую прелесть, точно в моём присутствии и их жизнь была чище и красивее. Я и Анна Алексеевна ходили вместе в театр, всякий раз пешком; мы сидели в креслах рядом, плечи наши касались, я молча брал из её рук бинокль и в это время чувствовал, что она близка мне, что она моя, что нам нельзя друг без друга, но, по какому-то странному недоразумению, выйдя из театра, мы всякий раз прощались и расходились, как чужие. В городе уже говорили о нас бог знает что, но из всего, что говорили, не было ни одного слова правды.

В последние годы Анна Алексеевна стала чаще уезжать то к матери, то к сестре; у неё уже бывало дурное настроение, являлось сознание неудовлетворённой, испорченной жизни, когда не хотелось

suffered, feeling that she was not satisfied with her life, and even that her life was ruined. And at those times she felt reluctant to be in the presence of her husband and children. She had begun to seek treatment for depression.

"We maintained our silence, and in the presence of outsiders she displayed a strange irritation with me: she disagreed with whatever I said and if I got into a dispute she would always take the other person's side. If I dropped something, she would say coldly:

"'I congratulate you.'

"If I forgot to bring along the opera-glasses when we went to the theatre, she would say afterwards:

"'I just knew you would forget them.'

"Luckily or unluckily, there is nothing in our lives that does not eventually come to an end. The time came when we had to part. Luganovich had been appointed chairman of a court in one of the western provinces. They had to sell their furniture, their horses, and their summer house. We drove out to the summer house, and on the way back, when we turned around for one last look at the garden and the green roof, we were all sad and I realized that it was not just the house I was saying goodbye to. It had been decided that, in late August, Anna Alexeyevna would go off to the Crimea, at her doctor's recommendation, and Luganovich and the children would set off for the western province a little after that.

"A large crowd turned out to see Anna Alexeyevna off. When she had already said goodbye to her husband and her children and there was only a minute left before the third bell, I ran into her compartment to put a basket, which she had almost forgotten, on the rack, and I too had to say goodbye. When our eyes met in the compartment, our will power deserted us both; I took her in my arms, she pressed her face to my chest and wept, I kissed her face, her shoulders, and her hands wet with tears — oh, how wretched we were! — I confessed my love for her, and, with a burning pain in my heart, I realized how unnecessary, petty, and illusory was everything that had gotten in the way of our love. I understood that when you love you must either base all the decisions and judgments you make about that love on what is its most exalted aspect, on that which is more important than happiness or unhappiness, sin or virtue in their accepted meaning, or you must refrain entirely from making decisions and judgments.

видеть ни мужа, ни детей. Она уже лечилась от расстройства нервов.

Мы молчали и всё молчали, а при посторонних она испытывала какое-то странное раздражение против меня; о чём бы я ни говорил, она не соглашалась со мной, и если я спорил, то она принимала сторону моего противника. Когда я ронял что-нибудь, то она говорила холодно:

— Поздравляю вас.

Если, идя с ней в театр, я забывал взять бинокль, то потом она говорила:

— Я так и знала, что вы забудете.

К счастью или к несчастью, в нашей жизни не бывает ничего, что не кончалось бы рано или поздно. Наступило время разлуки, так как Лугановича назначили председателем в одной из западных губерний. Нужно было продавать мебель, лошадей, дачу. Когда ездили на дачу и потом возвращались и оглядывались, чтобы в последний раз взглянуть на сад, на зелёную крышу, то было всем грустно, и я понимал, что пришла пора прощаться не с одной только дачей. Было решено, что в конце августа мы проводим Анну Алексеевну в Крым, куда посылали её доктора, а немного погодя уедет Луганович с детьми в свою западную губернию.

Мы провожали Анну Алексеевну большой толпой. Когда она уже простилась с мужем и детьми и до третьего звонка оставалось одно мгновение, я вбежал к ней в купе, чтобы положить на полку одну из её корзинок, которую она едва не забыла; и нужно было проститься. Когда тут, в купе, взгляды наши встретились, душевные силы оставили нас обоих, я обнял её, она прижалась лицом к моей груди, и слёзы потекли из глаз; целуя её лицо, плечи, руки, мокрые от слёз, — о, как мы были с ней несчастны! — я признался ей в своей любви, и со жгучей болью в сердце я понял, как ненужно, мелко и как обманчиво было всё то, что нам мешало любить. Я понял, что когда любишь, то в своих рассуждениях об этой любви нужно исходить от высшего, от более важного, чем счастье или несчастье, грех или добродетель в их ходячем смысле, или не нужно рассуждать вовсе.

"I kissed her for the last time, pressed her hand, and we parted forever. The train had already started. I went into the next compartment — it was empty — and sat there weeping until we reached the next station. Then I walked home to Sofino..."

While Alyokhin was telling his story, the rain stopped and the sun came out. Burkin and Ivan Ivanich went out onto the balcony, from which there was a beautiful view over the garden and the mill pond, which now was shining in the sun like a mirror. They admired it, and at the same time they were sorry that this man with the kind, understanding eyes, who had told them this story with such genuine feeling, should be rushing round and round this huge estate like a squirrel in a wheel instead of devoting himself to science or something else that would have made his life more pleasant; and they thought what a sorrowful face Anna Alexeyevna must have had when he said goodbye to her in the railway carriage and kissed her face and shoulders. Both of them had met her in the town, and Burkin was acquainted with her and thought her beautiful.

First published in Russian: 1898
Retranslation by Lydia Razran-Stone,
based on the Constance Garnett translation.

Я поцеловал в последний раз, пожал руку, и мы расстались — навсегда. Поезд уже шёл. Я сел в соседнем купе, — оно было пусто, — и до первой станции сидел тут и плакал. Потом пошёл к себе в Софьино пешком...

Пока Алёхин рассказывал, дождь перестал и выглянуло солнце. Буркин и Иван Иваныч вышли на балкон; отсюда был прекрасный вид на сад и на плёс, который теперь на солнце блестел, как зеркало. Они любовались и в то же время жалели, что этот человек с добрыми, умными глазами, который рассказывал им с таким чистосердечием, в самом деле вертелся здесь, в этом громадном имении, как белка в колесе, а не занимался наукой или чем-нибудь другим, что делало бы его жизнь более приятной; и они думали о том, какое, должно быть, скорбное лицо было у молодой дамы, когда он прощался с ней в купе и целовал ей лицо и плечи. Оба они встречали её в городе, а Буркин был даже знаком с ней и находил её красивой.

1898

Why Did Chekhov Quit This Earth So Soon?
Sasha Chyorny

Why did Chekhov quit this earth so soon?
Luggage full of purple prose, they'd come,
Would-be writers, dreamers, just buffoons,
To besiege his modest Yalta home...

Swarming him like rats, like ants or bees,
Like the fans of some famed boxing great.
Squinting, he'd gaze at the cypress trees,
Tell them jokes and listen to them prate.

I'd have come, but he, alas, had died,
I'd have come in secret, otherwise.
Near his dacha window, I would hide,
Just to glimpse his smile, and knowing eyes.

And if he, with gentle steps, by chance
Came too close to me, as well he might,
I'd have hid my face behind my hands;
And then vanished into the quiet night.

1922

Oh, why is Chekhov not on earth!
How many fools—on foot and horseback,
Carrying as baggage ready-made exclamations
Besieged that dear house in Yalta...

Day after day, they jostled him like rats
As if he were a world-famous boxer.
He joked, looked at the cypress (trees)
And squinting, listened to their tedious nonsense.

I would secretly have visited him differently:
If only he were alive—oh, bitter dreams!
I would have approached the shutters of his dacha
To look at his dear features.

And when, with quiet step
He by chance came up to me,
Bending down, I'd cover my face with my hands
And disappear into the evening quiet.

Verse (above) and
literal (below) translations by
Lydia Razran-Stone

Ах, зачéм нет Чéхова на свéте!
Сáша Чёрный

Ах, зачéм нет Чéхова на свéте!
Скóлько вздóрных — пéших и верхóм,
С багажóм готóвых междомéтий
Осаждáло в Ялте мúлый дом...

День за днём толклúсь онú, как крúсы,
Слóвно он был мировóй боксёр.
Он шутúл, смотрéл на кипарúсы
И прищýрясь слýшал скýчный вздор.

Я б тайкóм пришёл к немý инáче:
Если б жил он, — гóрькие мечтú! —
Подошёл бы я к решётке дáчи
Посмотрéть на мúлые чертú.

А когдá б он тúхими шагáми
Подошёл случáйно вдруг ко мне —
Я б, склонясь, закрúл лицó рукáми
И исчéз в вечéрней тишинé.

1922

1. The Russian word бурса means a seminary or dormitory where students lived and studied on a state subsidy.

2. Oreanda – a resort on the southern Crimea coast.

3. Alexander Ivanovich Sumbatov (1857-1927), an actor and playwright; Ignaty Nikolayevich Potapenko (1856-1929), writer and essayist.

4. Nikolai Nikolayevich Solovtsov (1857-1902), a noted actor, director and entrepreneur, who acted in and staged many of Chekhov's plays.

5. Maria Gavrilovna Savina (1854-1915), one of Russia's leading actresses of the late 19th and early 20th century; Victor Alexandrovich Krylov (1838-1906), a playwright who penned some 130 plays. The negative word *krylovshchina* was used to connote that a play was superficial.

6. Alexandra Akadiyevna Davydova (1848-1902), publisher of the journal *Mir Bozhy*. Dmitry Narkisovich Mamin-Sibiryak (1852-1912), playwright and prose writer.

7. *arshin* – a measurement of length equal to roughly 28 inches.

8. Vsevolod Mikhailovich Garshin (1855-1888) a writer, poet and art critic; Nikolai Nikolayevich Korolenko (1845-1911), writer.

9. Sergei Alexandrovich Naydyonov (1868-1922), playwright.

10. Lev Isaakovich Shestov (1866-1938), an existential philosopher and man of letters.

11. Leonid Nikolayevich Andreyev (1871-1919), one of the finest writers of Russia's Silver Age. The author of many tragic works distinguished by their hopelessness and negative views on the nature of man and his existence.

12. Nikodim Pavlovich Kondakov (1844-1925), art historian, expert on Byzantium.

13. Nikolai Nikolayevich Zlatovratsky (1845-1911), writer and critic.

14. Nikolai Alexandrovich Dobrolyubov (1836-1861), critic and journalist.

15. Alexander Mikhailovich Skabichevsky (1838-1910), literary critic.

16. The title of a collection of Chekhov's stories, published in 1890.

17. Konstantin Dmitriyevich Balmont (1867-1942), one of the leading poets of the Silver Age, a translator and essayist.

18. Yevgenia Yakovlevna Chekhova (1835-1919), Chekhov's mother.

19. The ending of *The Bishop*, one of Chekhov's final short stories.

20. Pyotr Alexeyevich Sergeyenko (1854-1930), writer and biographer of Tolstoy; the noted work was published in 1898. Sergeyenko and Chekhov studied together at the Taganrog gymnasium.

21. *solyanka* – a thick, sharply seasoned soup rich with lots of small pieces of meat or fish.

22. Shamrayev is trying to show himself to be educated, but mixes things up and combines two Latin phrases: *De gustibus non disputandum* (There is no accounting for taste.) and *De mortuis aut bene, aut nihil* (Speak good of the dead or nothing at all.) *De gustibus aut bene, aut nihil is* perhaps best translated as "Good taste, or none at all."

23. *vedro* – "bucket," a measurement of volume equivalent to 12.3 liters.